사막은 낙타처럼 건너라

평범한 영업사원에서 글로벌 CEO가 되기까지

카길 김기용 회장의 인생 경영학

김기용 지음

한 그루의 나무가 모여 푸른 숲을 이루듯이
청림의 책들은 삶을 풍요롭게 합니다.

| 서문 |

퓨리나 코리아에 영업부 신입사원으로 입사해 사회에 첫발을 내딛고 오늘에 이르기까지 벌써 40년이란 시간이 흘렀다. 40년이라고 하니 세월이 참으로 빠르고 순식간에 간다던 어른들의 말씀이 맞구나 다시금 고개를 끄덕이게 된다. 돌이켜보면 말로 다할 수 없을 만큼 많은 일이 있었고, 많은 배움이 있었으며, 무엇보다 수많은 사람들과 함께 걸어온 시간이었다. 특별하게 잘난 사람이 아니지만 오늘에 이를 수 있었던 건 여러 사람들의 도움과 격려가 있었기 때문이라고 생각한다. 그렇기에 지난 시간을 돌아보면서 가슴이 벅차고 감사함으로 차오는 것이다.

돌아볼수록 정말로 감사한 일들이 많다. 신입사원 시절에는 형님 같이, 아버지같이 도움을 주신 수많은 고객들이 있었다. 그분들을 통해 '축산'에 대해 더 많은 것을 배우고, 미래를 꿈꿀 수 있었다. 또한 나를 믿고 기회를 열어주고, 권한을 부여해 준 무수한 상사들과 선배들이 계셨기에 더 오래 열심히 일할 수 있는 방법을 배울 수 있었다. 그리고 글로벌 CEO로서 살아온 지난 20년, 묵묵히 자기 자리에서 제 역할을 충실히 지켜주고 언제나 긍정적이고 밝은 자세로 생활해준 여러 직원들이 있었기에 무사히, 성공적으로 임기를 마칠 수 있었다.

그러니 나는 너무나 행복한 사람이다. 여러 감사한 분들이 안 계셨다면 불가능한 시간이었다고 이야기하고 싶다. 매 순간이 감사하지만 특히 리더로 살아온 지난 20년 남짓의 시간 동안 내 옆에서 손을 잡아주고, 길을 함께 걸어주고, 뒤를 따라주었던 수많은 분들께 진심으로 감사한다. 우리가 함께 만들어낸 수많은 이야기들, 신화와도 같은 성장의 기록들, 우리가 함께 일구어낸 건강하고 행복한 문화, 우리가 함께 누려온 기쁨과 보람이 항상 나를 자극해주었고, 더디 가더라도 꾸준하게 한 걸음씩 발걸음을 옮길 수 있게 해주었다.

사람들은 가끔 내게 묻는다.

"회장님의 성공 비결은 무엇인가요?"

이런 질문을 들을 때마다 나는 멋쩍게 웃고는 한다. 그런데 이제 살짝 그 비밀을 공개하면 그것은 바로 사람이라고 생각한다. 그리고 꾸준하고 묵묵한 성실함이라고 생각한다.

나는 흔히들 말하는 카리스마가 넘치는 CEO도 아니고, 전문

기술이 있거나 화려한 언변을 자랑하는 사람도 아니고, 특별한 재능을 갖춘 사람도 아니다. 오히려 부족함이 많고, 빠르게 움직이기보다 천천히 가는 사람이고, 숫기도 없이 내성적인 사람이다.

그런데도 이런 내가 여기까지 올 수 있었던 건 모두 여러분들이 있었기 때문이다. 내가 부족함을 알기에 나는 일찍부터 낮은 자세로 다른 이들에게 도움을 청할 수 있었다. 나보다 더 나은 인재들을 믿고 의지하며 낮은 자세로 섬길 수 있었다. 고맙게도 내가 내민 손을 사람들은 거절하지 않고 꼭 잡아주었다. 이런 일들을 겪으면서 나는 겸허한 자세로 손을 내밀면 누구나 진심으로 화답해준다는 것을 배울 수 있었고, 인생의 중요한 가르침으로 가슴에 새길 수 있었다. 그러니 평생을 섬기는 마음으로 살았다고 해도 과언이 아닐 것이다.

또 한 가지 스스로를 평가하기에 가장 큰 힘은 어떤 상황에서도 포기하지 않는 자세였다고 생각한다. 나는 아무리 어려움이 있어도 포기를 하지 않았다. 언제나 가능한 면을 찾고, 해야 할 일을 생각했다. 탁월한 사람이 아니니 내가 할 수 있는 일은 꾸준하고 성실하게 내 할 일을 하는 것뿐이었다. 그런데 신기하게도 이렇게 꾸준하게 하다 보면 반드시 원하는 것을 이룰 수 있었다.

순간순간에 최선을 다하고, 어떤 일이 있어도 포기하지 않고,

사람들과 맞잡은 손을 꼭 잡고 한 걸음씩 옮기는 자세로 지금까지 살아왔다. 어려움도 있었고, 포기하고 싶은 순간이 왜 없었겠냐마는, 묵묵히 뜨거운 사막을 걷는 낙타처럼 그렇게 고통을 견디며 한 걸음씩 옮기다 보면 반드시 목적지에 도착할 수 있었다.

지난 시간을 이렇게 살아왔듯 나는 앞으로도 이렇게 살아갈 것이다. 지금 내 앞에는 새로운 사명이 놓여 있고, 이루고 싶은 일, 나누고 싶은 일, 섬기고 보듬어야 할 수많은 일들이 놓여 있다. 그러니 나는 지금껏 그래왔던 것처럼 낮은 자세로 사람들을 섬기며 천천히 한 걸음씩 앞으로 나아갈 생각이다. 설사 부족함이 있더라도 부족함을 채우기보다 나누려고 노력할 것이며, 어려움이 있더라도 가능성을 찾아낼 것이다. 무엇보다 내 앞으로의 인생은 섬김의 자세, 열정과 도전으로 꽉 채워진 미래 리더를 양성하는 데 바치고 싶다. 그렇기에 나는 은퇴 후의 나의 미래가 감사와 축제의 너른 장이 될 것이라고 믿고 있다. 정년퇴임을 앞두고 있는 오늘, 나는 새로운 열정이 가슴에 샘솟는 것을 느낀다.

이 책은 이런 지난 시간의 기록이자 미래를 위한 첫걸음이다. 사실 내가 이야기하는 성공 법칙은 누구나 이미 알고 있고, 실행할 수 있는 보편적인 것이라고 생각한다. 다만 빠르게 돌아가는 세상에서도 흔들림 없이 자신을 믿고 천천히, 포기하지 않고 나아가면 반드시 원하는 것을 얻을 수 있다는 믿음이 우리 사회 구성원들의 가슴에 좀 더 선명하게 새겨지면 좋겠다는 바람으로 이 책을 썼다. 단 한 사람이라도 내 이야기를 통해 자신의 믿음을 더 단단하게 다지고, 희망을 느낄 수 있다면 더 바랄 것이 없겠다.

마지막으로 이 책을 빌어 감사 인사를 전하고 싶다. 그 누구보다 지난 40년의 여정을 함께해준 카길애그리퓨리나 임직원들과 해외경영자들께 진심으로 감사를 전한다. 또한 항상 기도와 사랑으로 나의 모든 일을 이해하고 뒷받침해준 사랑하는 아내 정숙자 권사, 스스로 멋지고 아름다운 인생을 살아가고 있는 아이들 태인, 성호에게 고마움을 전한다. 그리고 내 모든 인생 여정을 항상 계획하시고 인도하여 주신 하나님 아버지께 감사와 영광을 돌린다.

이제 나는 새로운 출발을 할 것이다. 평범한 직장인이었던 내가 도전과 노력으로 오늘을 일군 것처럼 미래는 분명 더 멋질 것이라 믿는다.

분당 비전 센터에서

김 기 용

차 례

3장 바위를 뚫는 물방울처럼

4장 부드러운 카리스마는 세상을 움직인다

5장 꿈과 미래를 나누는 삶을 살아라

• • •

사람의 마음을 얻고자 한다면 좀 더 낮은 자세로, 좀 더 감사하는 마음으로 다가설 필요가 있다. 물이 낮은 곳으로 흐르는 것처럼 높은 지위와 위치에 오를수록 더 겸허하고 낮은 자세로 자신을 낮춰 사람들에게 고개를 숙일 수 있다면 어떤 일에서건 사람들의 마음을 얻을 수 있을 것이다.

1장
사람을 남겨라

상대의 미래까지 내 일처럼 여겨라

흔히 마케팅을 하는 사람들은 "제품이 아니라 가치를 팔아라"라는 말을 끊임없이 한다. 우리 회사 영업팀도 예외가 아니어서 내가 신입사원이던 시절부터 현재까지도 고수하고 있는 모토이기도 하다.

단순히 물건을 돈과 맞바꾸는 것이 아니라 고객에게 제품 이상의 가치를 제공하겠다는 마음가짐은 영업하는 사람에게 반드시 필요하고 중요한 덕목이다. 하지만 말이 쉽지 이를 실제로 행하는 것은 쉽지 않다.

영업부 시절 젊은 총각이 뭘 알겠냐며 무시당하기도 하고, 수없이 문전박대도 당했다. 하지만 포기하지 않고, 사람들을 만나며 끊임없이 설득하는 과정을 통해 고객에게 제품이 아닌

가치를 판다는 것이 얼마나 중요한 일인지 다시금 깨달을 수 있었다.

우리 회사는 다양한 분야의 사업을 가지고 있지만 특히 양축가에 사료를 판매하는 부문의 사업이 크다. 지금이야 가축을 키우는 데 사료를 쓰는 게 당연한 일로 여겨지지만 내가 영업사원으로 일하던 1970년대만 해도 대규모 농장은 거의 없었고, 대부분의 양축가들은 영세했으며, 사료를 쓰는 일은 드물었다. 대부분 농사를 지으며 부업삼아 가축을 몇 마리씩 키우는 것이 고작이었다.

상황이 이러하니 가축들의 먹이도 사료는커녕 구정물에 쌀겨 한 바가지를 섞어 돼지에게 주거나, 논두렁에서 꼴을 베서 소한테 먹이는 정도였다. 당연히 가축들이 잘 크지도 못하고 각종 질병에도 취약해 죽기 일쑤였다.

당시 나는 이대로라면 양축가들이 절대로 더 잘살 수 없다고 생각했다. 그래서 농장주들을 만나 가축들에게 사료를 먹이면 쑥쑥 잘 크고 질병에도 강해진다고 거듭 설득했다. 단순히 우리 사료를 좀 더 팔겠다고 생각한 것이 아니었다. 하지만 농장주들은 가축에게 사료를 주는 것에 돈을 들이는 일은 고개부터 절레절레 흔들었다.

우리는 회사의 득을 생각하지 않고 사료의 효과를 한눈에 보여주는 프루프(proof)를 통해 농가 한 곳 한 곳을 설득하기로 했다. 프루프란 '실증', 다시 말해 실제 효과를 보여주는 것이다.

우리는 각 지역에 핵심 농가를 정해 1년 혹은 2년 정도 꾸준히 관리하고 지켜보며 성장과정을 기록하고 우리 사료를 먹여서 키운 가축이 얼마나 건강하게 잘 자라서 더 비싼 값에 팔리는지를 증명했다.

단시간에 결과가 나지 않고 비용도 많이 들어가는 일이었지만 믿음을 가지고 꾸준히 계속하니 농민들의 마음도 하나둘 움직이기 시작했다. 수치만 봐도 우리 사료가 얼마나 좋은지를 알 수 있으니 농장주들은 "어? 사료값을 제하고도 전보다 훨씬 더 이문이 많이 남겠네"라며 우리 고객이 되었다.

한 번 마음이 열리니 그 물꼬는 더 넓고 깊은 강이 되었다. 입소문은 꼬리에 꼬리를 물고 전해졌다. 옆집 아무개네가 퓨리나 사료를 쓴다고 하기에 괜히 돈이나 낭비한다고 생각했는데 1년이 지나고, 2년이 지나니 양계장이 커지고, 피아노가 들어오고, 자가용이 들어오는 것을 보면서 농장주들은 우리가 먼저 찾지 않아도 우리 고객이 되었다.

그때 나는 가치를 판다는 것, 그 가치를 상대가 직접 볼 수 있게 해주는 것이 얼마나 중요한지, 그리고 눈앞의 이익이 아니라 함께 더 잘살 수 있는 방법을 알리는 일이 얼마나 중요한지 깨달을 수 있었다.

여기에 한 가지 덧붙이고 싶은 말이 있다. 고객에게 가치를 판다는 것은 그들의 미래도 함께 고민하는 일이라는 것이다. 내가 얻을 득과 실이 아니라 철저하게 그의 입장이 되어 그가 좀 더 많은 것을 얻을 수 있도록 도움을 아끼지 않아야 한다. 나는 이를 실천하기 위해 항상 농장에 이득이 될 만한 새로운 제안을 많이 했다.

"돼지 한번 키워보시겠어요? 요즘 새끼 돼지 가격이 비싸지 않으니 시작하기 좋으실 거예요."

"우유 소비가 늘고 있으니 돼지를 팔고 젖소를 한번 키워보시는 건 어떠세요?"

이렇게 사업 아이디어를 제안하며 때로는 직접 제주도까지 가서 종돈을 사다주기도 하고, 미국에 젖소를 주문하여 공급해주기도 했다. 그러면서 농가들은 점차 성장했다.

농장들이 성장하니 우리 사업도 성장했다. 여기에 더해 고객과의 관계도 더 풍부해지고 인간적인 신뢰도 덤으로 얻었다. 이는 평생을 살아가면서 무엇과도 바꿀 수 없는 자산이 되었다. 고객을 넘어 가족과 친구를 얻은 것이다.

우리가 고객을 대하거나 상품을 팔 때 가치를 판다는 생각으로 일을 하면 자신이 지금 하고 있는 일이 전혀 다르게 느껴지고, 일의 성과도 다를 것이다. 이는 어떤 일을 하거나 마찬가지이다. 라면 한 그릇을 팔면서도 자신이 대접하는 라면을 먹으며 고객이 허기를 채우는 것 뿐 아니라 행복감을 느꼈으면 좋겠다고 생각하게 되고, 구두 한 켤레를 팔면서도 이 신발을 신고 뛸 고객의 일과 일상이 함께 성장하기를 바라게 될 것이며, 서류 한 장을 작성할 때도 회사의 미래와 비전을 떠올리게 될 것이다.

어떻겠는가? 이런 마음으로 일하고 사람들을 대접한다면 그에게 당연히 사람이 모일 것이다. 모든 일에서 마음가짐과 생각이 달라지면 미래도 달라진다. 무엇보다 그렇게 순간순간에 상대를 배려하고, 가치를 전달하면서 나 자신도 행복해지고 마음이 든든해지며, 더불어 조금씩 함께 성장할 수 있다.

더 낮은 자세로 먼저 다가서라

얼마 전 필리핀 공장에서 일하는 현지인 직원들이 서울에 연수를 왔다. 필리핀은 원래 내가 관할하는 북아시아지구에 속하지는 않지만, 그곳 사장이 한국 지사에서 배출된 분이어서 마치 형제회사처럼 친근한 곳이다. 연수를 온 필리핀 직원들을 반갑게 맞이하려는 때 그분들이 오히려 나를 보자마자 감사 인사를 건넸다.

"고맙습니다. 최고의 사장님을 보내주셨어요. 정말 고맙습니다."

예상치 못했던 감사 인사를 받고 당황했지만, 그들이 진심으로 감사하고 있다는 것이 고스란히 느껴졌다. 그들은 새로 온 사장 덕분에 회사가 놀랍게 성장하고 전반적인 근무환경과 분위기도 좋아졌다며 아주 만족스러워 했다.

그들이 기뻐하는 모습을 보며 문득 필리핀 지사 사장을 임명하던 때가 떠올랐다. 당시 본사에서는 필리핀 지사의 사장 후보를 한국 팀에서 추천해달라고 요청했었다. 나는 회사에서 가장 적합한 인재 한 사람을 천거했고 미국 본사, 필리핀 현지 직원까지 총 10명의 후보가 물망에 올랐다. 그리고 그들 중 한국 팀에서 천거한 그가 선택되었다. 그가 선택되기까지 사실 반대도 만만치 않았다. 아직 리더로서의 경력이 부족하다는 이유 때문이었다. 부인할 수 없는 사실이었다. 하지만 나는 그가 한국 팀 안에서 배워온 문화와 비전을 현장에서 가장 잘 접목시킬 수 있다고 확신했다.

그에게 보강할 것이 있다면 낮은 자세로 임해 사람들의 이야기를 듣는 것뿐이었다. 나는 그런 생각으로 임원진을 설득했고, 결국 본사 사장은 그의 손을 들어주었다.

나는 그가 필리핀으로 떠나기 전 몇 가지 당부를 했었다. 그 중 한 가지는 바로 이것이었다.

"아무것도 모르는 사장이 되게나."

아무것도 모르는 사람은 잘난 척을 할 수 없다. 그러니 겸손하게 배움을 청할 수 있다는 의미였다. 나는 더불어 귀를 열고 많이 들으라고 조언해주었다. 한없이 낮아지고 많이 들으면 직원들의 마음도 얻을 수 있으니 충분히 들은 뒤 의견을 말해주고, 최종적으로는 직원들이 결정하게 하라는 말도 덧붙였다.

사실 이는 모두 내 경험에서 나온 조언이었다. 나는 사람들에게 낮은 자세로 다가갈 때, 귀를 기울이고 '당신에게 한 수 배우겠습니다'라는 자세로 임할 때 진정한 교감을 이룰 수 있다고 생각한다. 그렇게 생긴 교감은 서로를 이어주는 단단한 끈이 되어 어떤 일을 할 때든 든든한 지원군이 된다.

나 역시 주변분들 한 사람 한 사람에게서 얼마나 큰 도움을 받았는지 모른다. 내가 사장으로 취임할 때의 일이다. 당시 회사에는 나보다 연배가 위인 선배들이 여러 분 계셨다. 그즈음 우리 사회나 기업의 관행으로는 자신보다 나이나 서열이 아래인 사람이 사장 발령을 받으면 대부분 자리를 비켜주고 물러나야 했고, 실제로 우리 회사 내에서도 그런 움직임이 있었다.

나는 그분들을 한 분 한 분 찾아뵈었다. 그리고 그분들께 진심을 담아 "제 역할은 이제 선배님들이 일을 잘하시도록 섬겨드리는 것이니 절대 회사에서 떠날 생각은 말아주십시오. 제가 모르는 게 많습니다. 선배님들께서 도와주셔야 회사가 움직일 수 있습니다. 꼭 남아주십시오"라고 말씀드렸다.

이건 정말 진심이었다. 내가 해야 할 역할은 가장 낮은 곳에서 뛰어난 많은 이들을 섬기는 것이라고 생각했다. 그리고 각자의 자리에서 최고의 전문가들이 자신의 실력을 발휘할 수 있도록 밑받침 하면 될 것이라고 생각했다.

결과적으로 그분들은 자신의 자리에서 모두 더 열심히 최선을 다해주셨고 최고의 역량을 발휘해주셨다. 정년 퇴임 후에도 고문역을 자청하며 회사를 위해 헌신하신 분도 계신다. 덕분에 회사가 안정되고 성장한 것은 물론이고, 개인적으로도 많은 도움을 구할 수 있었다.

세상의 모든 일을 혼자서 하기란 어렵다. 아무리 잘난 사람도 부족함이 있는 부분이 있게 마련이고, 그보다 더 나은 실력을 가진 전문가가 존재하기 마련이다. 결국 탁월함에 탁월함이 더해져야만 성공할 수 있다는 말이다. 그러니 혼자서 모든 것을 다 해낼 수 있다고 생각하는 것은 굉장히 독선적인 태도라고 할 수 있을 것이다.

다른 사람의 도움을 얻지 못한다면 성공하기란 어려운 일이다. 그런데 만약 내가 잘난 척을 하며 고개를 숙일 줄도 모르고, 하늘 높은 줄 모른 채 어깨에 잔뜩 힘만 넣고 다닌다면 사람들이 내게 다가올 수 없을 것이다.

그렇기에 사람의 마음을 얻고자 한다면 좀 더 낮은 자세로, 좀 더 감사하는 마음으로 다가설 필요가 있다. 물이 낮은 곳으로 흐르는 것처럼 높은 지위와 위치에 오를수록 더 겸허하고 낮은 자세로 자신을 낮춰 사람들에게 고개를 숙일 수 있다면 어떤 일에서건 사람들의 마음을 얻을 수 있을 것이다.

나아가 이렇게 사람의 마음을 얻으면 세상의 모든 일이 자연스럽게 내 편이 되어 움직이게 마련이다. 결국 낮아짐이란 스스로 더 넓고 깊은 도량을 갖추는 과정이라는 의미이다. 항상 지금의 내가 무엇에 감사해야 할지, 또 무엇에 대해 조언을 구해야 할지를 아는 사람은 늘 조금씩 더 성장할 수 있다는 것도 잊지 말아야 할 것이다.

눈앞의 숫자를 키우기 전에 사람부터 키워라

경영의 신으로 불리는 마쓰시타 전기(현 파나소닉)의 창업자 마쓰시타 고노스케에게서 얻은 교훈 중 내가 항상 마음에 담아 두었던 말을 한 가지 소개하려고 한다.

"마쓰시타 전기는 사람을 만듭니다. 그리고 전자제품도 만듭니다."

나 역시 "우리는 제일 먼저 인재를 만들고, 사료도 만든다"라고 말하고 싶다. 이 생각은 내가 경영 일선에 나선 뒤 지금까지 단 한 번도 놓치지 않고 지키고자 했던 신념과도 같다. 모든 사업과 산업은 사람이 하는 것이다. 성과를 내는 것도 사람이고 손해를 입게 하는 것도 사람이다. 그러니 사람보다 더 중요한 가치가 무엇이 있겠는가. 이런 생각으로 나는 지난 수십 년을 보냈다. 그런 덕분인지 업계에서는 우리 회사를 두고 '축산 사관학교'라고 일컬을 정도이다. 국내 축산업계를 이끄는 대표적인 기업의 경영자 중 절반 이상이 우리 회사 출신이기 때문에 붙여진 말이다. 비단 국내뿐 아니라 중국, 필리핀, 인도, 베트남, 태국, 미국 본사에 이르기까지 카길의 전 세계 사업부에 우리 한국 팀의 인재들이 진출해 역량을 펼치고 있다.

생각해보면 내가 일하면서 가장 잘한 일이 바로 이런 인재들을 눈여겨보고 그들과 함께 앞날을 모색해온 것이 아닌가 싶다. 물론 사람이 튼튼한 재목으로 성장하는 데는 리더 한 사람의 역량만으로는 불가능하다. 아무리 리더가 뛰어나다고 한들 개개인이 노력하지 않으면 소용이 없고, 또 각자가 노력해도 한 사람이 든든한 동량으로 거듭나기까지의 과정은 흡사 나무를 키우는 일과 같아서 아름드리 나무가 될 때까지 무수한 시간과 노력이 필요하기 때문이다.

인재를 키우다 보면 때로는 기대에 못 미칠 수도 있고, 당장 성과가 나타나지 않을 수도 있다. 하지만 믿음을 가지고 지켜보며 지원한다면 반드시 든든한 기둥으로 성장해 탐스러운 열매를 맺는 나무가 되고, 더 나아가 숲이 되어 새로운 나무를 품어주는 든든한 버팀목이 되어줄 것이다.

그만큼 인재양성은 장기적인 안목으로 계획을 가지고 해야 할 일이다. IMF 시절 대부분의 기업들이 교육비를 대폭 삭감했을 때에도 회사 내에 MBA 과정을 개설해 직원들에게 공부할 기회를 마련해주었던 것도 이런 믿음 때문이었다. 지금도 자기계발을 위해서 공부하겠다는 직원들이 있으면 전폭적으로 지원을 한다.

물론 평양 감사도 본인이 싫으면 하지 못한다는 말처럼 스스로 조직의 주역이 되겠다는 마음가짐을 갖지 않는다면 아무리 투자를 받고 지원을 받아도 좋은 인재로 성장할 수 없을 것이다. 그러니 지원만 바라보고 있을 일이 아니라 스스로 그에 적합한 인재가 되기 위한 노력을 하는 것도 필수요건이다.

한편 주위를 돌아보면 좋은 인재가 많은 회사일수록 구성원 각자가 자신의 역량을 마음껏 뽐낼 수 있는 기회를 부여하는 것을 알 수 있다. 역으로 생각해보면 인재가 떠나는 조직은 그들 각자에게 적합한 기회가 주어지지 않는 경우가 많다. 그렇기 때문에 인재양성을 위한 지원 못지않게 각자에게 적합한 역할을 부여하고 기회를 주는 것이 중요하다.

이것은 큰 조직이든 작은 조직이든 관계없이 항상 신중하게 처리해야 할 부분이다. 무엇보다 유연한 사고가 필요한 일이기도 하다. 만약 조직 구성원 중에 자신이 맡은 일과는 다른 일을 해보고 싶다거나 현재의 일에 의욕을 잃어버린 이가 있다면 그의 이야기에 귀를 기울여주고, 새로운 기회를 함께 모색할 수 있어야 한다. 덮어놓고 '지금 하는 일도 잘하지 못하면서 웬 불평이야?'라고 생각한다면 결론은 뻔하다. 인재 역시 '이 회사에서는 내가 좋은 역량을 발휘할 수 없어'라고 생각하며 그 자리를 떠날 테니 말이다.

반면 이렇게 말해보면 어떨까? "다른 자리에서 한번 시도해보는 건 어떨까요?", "지금 당장은 다른 일을 할 수 있는 여건이 안 되니, 준비할 수 있도록 공부를 좀 해보는 게 어떻겠어요?" 그러고는 다른 분야로 나아갈 수 있는 기회를 마련해준다면 아마도 누구나 자신이 원하는 자리에서 일하기 위해 자기 실력을 쌓고 성장하기 위한 노력을 지속할 것이다.

실제로 우리 회사에는 입사할 때 자신이 처음 했던 일과 다른 새로운 분야로 뻗어나간 인재들이 많이 있다. 그중 몇몇 사람은 회사를 이끄는 중요한 인재가 되었다.

예를 들어 비서 업무를 하던 이가 마케팅 커뮤니케이션 팀의 수장으로 역량을 발휘하고 있는 경우가 그렇다. 사실 그가 처음 마케팅 분야의 일을 해보고 싶다 했을 때 고민하지 않았던 것은 아니다. 우리 회사의 비서는 일반적인 개념의 비서와는 업무 영역이 다르다. 업무 어시스턴트 역할을 하기 때문에 전문성이 필요하고 그만큼 유능한 인재들이기 때문에 업무 공백이 상당할 수밖에 없다.

하지만 내가 일하는 데 조금 더 편하자고 그가 성장할 기회를 빼앗을 수는 없었다. 나는 그에게 기회를 열어주겠다고 약속했고, 그 역시 비서로 일하면서 대학원에 진학해 그 분야의 공부를 마쳤다. 그 후 좀 더 전문적으로 일하고 싶다 했을 때 나는 그에게 기회를 주고 후임 비서를 뽑았다. 그는 새로운 분야에서 멋진 활약을 보여주었고, 현재도 마케팅 커뮤니케이션 팀을 성공적으로 이끌고 있다.

이렇게 누구나 자신의 뜻을 펼치고자 한다면 언제라도 길을 열어주어야 한다. 그가 역량을 좀 더 발전시킬 수 있도록 지원과 배려를 해주어야 한다. 나는 이것이 리더들이 흔히 빠지기 쉬운 자기 딜레마라고 생각한다. 인재를 키우기 위해 지원이 필요하다는 것은 알지만 리더는 언제나 장기적 성과와 단기적 성과를 모두 고민해야 하기 때문이다. 더구나 인재가 자기 자리에서 제몫을 잘해주어야 성과가 높은 것이 당연하고, 또 그 분야의 숙련된 전문가가 다른 일로의 전환을 요청한다면 한동안의 업무 공백으로 인해 실적이 나빠질 수도 있으니 말이다. 하지만 사람을 키우는 일은 때론 나의 불편을 감수하고서라도 장기적인 안목을 가져야 하는 일이다. 그렇기 때문에 한 치 앞을 내다보는 것이 아니라 멀리 보고 시행해야 한다. 지금 당장은 한 사람 한 사람의 빈자리 때문에 일이 어렵더라도 기회를 주었을 때 더 나은 성과를 얻을 수 있다는 말이다.

얼마 전에도 미국 본사로 한 명의 인재를 배출했다. 중국에서 일하던 중국 현지 직원인데, 우리가 선발해서 잘 훈련시킨 인재였다. 본사에서는 여러 인재를 인터뷰한 끝에 그를 선택했다. 감사한 일이지만 현실적인 부분을 생각한다면 우리로서는 마냥 기뻐할 수만은 없는 일이었다. 그가 맡고 있는 업무 비중이 상당히 커서 당장 그를 보내고 나면 공백이 너무나 클 것이 분명했기 때문이다. 하지만 우리는 조금도 지체하지 않고 축하하고 기뻐하면서 그를 보내주었다.

사실 이런 일은 계속되고 있다. 우리에게 유능한 인재들이 있고, 역량 있는 리더들이 해외로 많이 배출되며 외부에서 인재를 필요로 하는 경우가 많아졌기 때문이다. 고민스러울 만한 일로 보일 수도 있지만 우리에게는 기분 좋은 일이다. 우리에게 적용되는 단 하나의 원칙은 기회가 있고, 당사자도 원한다면 기회를 잡도록 해주는 것 뿐이다.

우리가 아쉽다고 해서 붙잡는 일 없이 일단 보낸 뒤 그 자리에 맞는 또 다른 인재를 찾는다. 이는 여러 가지 의미를 지닌다. 한 사람의 공백을 메워야 할 때는 다른 직원들이 한동안 어려움을 겪을 수 있다. 그러나 당장 업무가 늘어난다고 해도 불평하기보다 희망을 갖는다. 조직 구성원들의 마음에 '내게도 기회가 주어졌을 때 회사가 나를 지원해줄 것이다'라는 믿음이 자리 잡기 때문이다.

이런 마음이 하나둘 모이고, 또 그런 실제 사례가 몇 차례 거듭되면 그것은 누구도 흔들 수 없는 단단한 문화가 된다. 또한 기회를 얻은 인재의 로열티가 높아지는 효과도 있다. 그러니 실보다는 확실히 득이 더 많지 않은가?

사람이 힘이다. 기업에서 인재 만큼 중요한 것은 없다. 그 인재들의 가치는 위기상황에서 특히나 빛을 발한다. 우리 회사가 위기 속에서 더 성장했던 것도 우리 팀의 대응능력, 상대적인 경쟁력, 또 이들이 가지고 있는 마음가짐이 다른 업체들과는 경쟁이 안 될 만큼 굳건하고 모두가 자신이 맡은 역할보다 몇 배 이상으로 잘해주고 있기 때문이다. 리더로서 그런 인재들과 함께 일할 수 있다는 것은 얼마나 멋지고 행복하고 감사한 일인지 모른다.

열린 가슴으로 이해하고 품어 안아라

구매 총괄 업무를 맡고 있던 시절, 내게 편지 한 통이 날아왔다. 일종의 블랙메일이었는데 구매를 둘러싼 비리가 있을 것이라고 지레짐작하고 협박하는 내용이었다.

당시만 해도 우리나라 기업들은 투명성이 높지 않았다. 큰돈이 움직이는 자리에는 테이블 밑으로 검은돈이 오가는 일이 부지기수였다.

당시 나는 사장의 결재 없이도 엄청난 양을 매입할 수 있는 책임자였다. 게다가 오랫동안 그 업무를 담당했으니 찔리는 구석이 반드시 있을 거라고 넘겨짚었던 것이다. 하지만 그것은 완전히 오산이었다. 그는 두 가지를 간과하고 있었다. 하나는 외국회사의 윤리기준이고, 또 하나는 나에 대해서였다.

나 자신이 부끄러울 것이 없었기에 그런 편지 한 장에 흔들릴 이유가 없었다. 그러나 아무리 그렇다고 해도 정신적인 충격까지 없지는 않았다. 왜냐하면 그 편지를 보낸 이가 평소 신뢰하던 직원이었기 때문이다. 그는 다른 회사에서 스카우트된 인재였다. 역량이 아주 뛰어나고 열정적인 사람이었다. 하지만 안타깝게도 외국인 사장에게는 그리 신뢰를 얻지 못했다. 그때 나는 외국인의 시각에서 보는 기준이 다르겠거니 생각하고 사장을 설득하고 그를 변호하고, 또 계속 기회를 주면서 지켜주려고 노력하던 터였다. 그런데 믿는 도끼에 발등을 찍히듯 그런 큰일을 당하고 보니 황망하기 이를 데가 없었다.

나는 '이 일을 어떻게 처리할까?' 계속 고민했다. 일단은 의혹을 없애기 위해서는 객관적인 검증을 받을 필요가 있다고 생각했다. 그래서 그 편지를 본사의 법무팀에 보냈다. 두려울 것이 없으니 스스로 투명함을 검증받는 게 당연한 도리라고 여긴 까닭이었다. 그간의 노력이 인정받은 덕분인지 법무팀에서는 '조사할 필요도 없이 당신을 신뢰하니 이 일은 한국에서 알아서 처리하라'는 답이 돌아왔다. 기쁘고 다행스러운 일이었지만 다시 고민하지 않을 수 없었다. 이 문제를 어떻게 해결할지 내가 스스로 결정해야 했기 때문이다.

그 상황에서 내가 선택할 수 있는 카드는 사실 한 가지뿐이었다. 회사 규정대로라면 직원을 해고해야 했다. 동료직원이나 상사에 대한 허위사실 유포, 협박 등은 명백한 해고 사유였다. 하지만 그렇게 되면 회사를 그만두는 것에서 그치지 않고 퇴직금도 한 푼 받지 못한 채 너무나 큰 불명예를 안고 회사에서 떠나야 했다. 괘씸하다고 생각하면 그렇게 처리하는 것이 당연하고, 한편으로는 내가 취할 수 있는 가장 간단한 처리 방법이기도 했다. 하지만 그건 그리 좋은 선택이 아니라는 생각이 들었다. 사정볼 것 없이 해고한다면 일이 손 쉬울 수는 있어도 나 역시 계속 뒷맛이 쓴 채로 마음의 짐을 짊어지고 갈 것이 분명했다. 그것은 그뿐만 아니라 나까지 우리 모두 패배자가 되는 길이라고 생각했다.

나는 인생의 선배로, 또 직장상사로 그와 다시 이야기하기로 했다. 마음을 열고 그에게 잘못을 말해주고 스스로 깨우칠 수 있도록 해주는 것이 진정한 승리라는 생각에 이른 까닭이었다. 나는 그와 많은 이야기를 나눴다. 삶의 방식은 사람마다 차이가 있는데, 당신이 택한 방식은 올바른 길이 아니라고 하며 그에게 성경책을 한 권 건넸다. 그리고 당신에게 맞는 새로운 삶의 방법을 찾으라고 권했다. 그런 후에 권고사직 형태로 스스로 회사를 떠나도록 해주었다.

그는 평생의 멍에처럼 짊어져야 할 불명예와 금전적 손실 대신 마음에 각오 하나를 다져넣었을 것이다.

그는 자신의 섣부른 판단에 대해 진심으로 뉘우치고는 내게 미안하다는 말을 남기고 회사를 떠났다. 그리고 몇십 년이 지난 지금도 가끔씩 내게 연락을 해온다. 만약 그때 원리원칙 대로 처리했다면 이런 관계가 지금까지 유지될 수 있었겠는가.

사람이 일을 하면서 가장 어려운 것 중 하나가 인간관계이다. 각자가 다른 성격을 가지고 있고, 추구하는 가치가 다르기 때문에 서로 의견이 대립할 수도 있다. 혹은 마음을 다해서 도움을 주었는데도 상대방으로부터 그와 정반대의 반응이 돌아오기도 한다. 이렇게 때로는 원치 않게 상처받기도 하고 서운하기도 한 것이 인간관계인 것이다.

하지만 다시 생각해보면 사소한 일 하나하나에 일희일비하기보다 내가 사람들을 대하는 태도를 초지일관한다면 생각지도 못한 든든한 지원군을 얻을 수 있다는 것을 어렵지 않게 알 수 있을 것이다.

사람에게는 따뜻한 마음, 사랑의 마음을 가지는 것이 필요하다. 사랑으로 감싸 안는 것이 궁극적으로 승리를 얻는 방법이다. 눈에는 눈, 이에는 이라는 원칙으로 분노와 죄를 다스리려고 한다면 결국 상처뿐인 영광만 남고 만다. 나아가 내 안의 분노가 나 자신을 갉아먹고 망가뜨릴 것이다. 그러니 마음의 평화를 위해서라도 사랑으로 사람을 감싸 안는 것이 필요하다.

물론 조직 내의 기강을 위해서 반드시 처벌해야 하는 일들도 있을 것이다. 그때마저 사랑으로 감싼다는 명분으로 용서하라는 것은 아니다. 어떤 문제가 있다면 책임 소재를 가려서 물어야 한다. 그것이 공정하고 조직 구성원 모두에게 더 좋은 영향을 미치는 방식이다. 행정적인 절차가 명확하게 처리된 후에 인간적인 애정을 가지고, 따뜻한 마음으로 그를 감싸 안아야 한다. 그야말로 실책에 대해서는 명백하게 처벌하되 사람 자체에 대해서는 사랑과 애정을 가지고 대해야 한다는 것이다.

말은 쉬워도 실행이 쉬운 일은 아닐 것이다. 하지만 스스로 할 수 있는 만큼 최대한 마음을 열고 가슴으로 사람을 대해보는 것은 어떨까. 그렇게 한다면 설령 서로 헤어져야 하는 상황이 벌어진다고 해도 마음 한구석에 분노와 미움을 남기지 않고 서로에 대한 애틋한 마음과 존경을 담고 떠날 수 있지 않을까?

직장생활을 하다 보면 사람에게 상처받고, 미움이 쌓이는 일들이 있을 것이다. 수많은 사람을 만나 다양한 일을 진행하니 당연한 일이다. 그럴 땐 화만 낼 것이 아니라 열린 마음으로 나와 다른 점을 주의 깊게 살피고, 더 넓은 시선, 따뜻한 가슴으로 함께 일하는 사람을 품어주어야 한다. 무엇보다 화나 미움이 쌓이면 마음속에 쌓인 독이 나 자신을 해친다는 것을 잊지 말자.

용서와 이해는 타인을 위한 것이 아니라 바로 나 자신을 위한 것이다. 이해하고 용서하는 삶이 얼마나 평화로울지 생각해보라. 그럼 내가 선택해야 할 답은 그리 어렵지 않게 나올 것이다.

늘 감사한 마음으로 사랑을 표현하라

최근에 신문을 보다가 재미있는 연구 결과를 하나 보았다. 부부 사이에 주고받는 '고맙다, 미안하다, 사랑한다'라는 표현이 암 예방과 노화 방지에 효과가 있는 것으로 입증되었다는 내용이었다. 연세대 연구팀에서 노인 남성들을 대상으로 실험한 결과, 배우자에게 매일 이런 표현을 한 실험 대상자들은 혈액 내 산화성 스트레스 지표가 50퍼센트나 감소하고 항산화 능력 지표는 30퍼센트나 늘었다고 한다. 그런데 이 산화성 스트레스가 줄면 암, 고혈압, 당뇨 등 성인병은 물론 파킨슨병 같은 병에 걸릴 확률도 낮아지고, 노화 속도도 늦춰진다고 한다. 그러니 한마디로 "여보 사랑해"라는 말을 매일 주고받으면 암도 막을 수 있다는 말이다.

나 역시 그 실험 결과가 맞을 것이라고 생각한다. 서로 사랑을 표현하는 부부 사이에는 스트레스 대신 행복과 기쁨이 넘친다는 것을 잘 알기 때문이다. 이것은 온전히 내 경험에서 비롯된 이론이다.

그런데 나는 사랑에도 연습이 필요하다고 생각한다. 아니, 정확히 말하자면 사랑을 표현하는 연습이 필요하다. '사랑해'라는 말이 아무리 만병통치약이라고 한들 평소에 하지 않던 사람이라면 낯설고 어색한 표현으로만 느낄 것이다.

한 직원에게서 들은 이야기이다. '세바퀴'라는 TV 프로그램에서 배우자에게 느닷없이 생경한 문자메시지를 보낸 후 어떻게 반응하는지를 보는 코너가 있었다고 한다. 그래서 자신도 재미삼아 남편에게 "사랑해"라고 문자를 보내봤더니 남편이 놀란 목소리로 금세 전화를 했단다.

"너, 왜 그래? 무슨 일 있어?"

이처럼 사랑의 표현은 습관이 되지 않으면 낯선 것일 수밖에 없다. 그러나 처음이 어렵지 습관처럼 익히다 보면 숨 쉬는 것처럼 자연스러워진다. 그리고 놀랍게도 상대방이 진짜 매일매일 더 사랑스러워진다. 그것이 바로 표현의 마력이다.

언제나 따뜻하고 유쾌한 내 아내의 별명은 '피스 메이커'이다. 친구들이나 가족들 사이에서, 또 교회의 지인들 사이에서 항상 환하고 즐거운 분위기를 만들어주는 사람이라고 해서 붙은 별명이다. 온종일 혼자 있어도 불편하지 않을 만큼 내성적이고 조용한 나를 항상 웃게 만드는 사람도 바로 아내다. 언젠가 비행기에서 늦은 나이에 사랑에 빠진 남자가 사랑하는 여인에 대해 말하는 영화의 한 장면을 보았다. 그는 이렇게 말했다.

"그녀는 내가 더 좋은 사람이 되고 싶게 만들었어요."

아내도 그런 사람이다. 내가 더 좋은 사람이 되고 싶게 만드는, 좀 더 정확히 표현하자면 나를 어제보다 더 좋은 사람으로 만들어주는 사람이다.

언젠가 지인들과 함께 있던 아내를 내가 데리러 간 적이 있었다. 그때 아내가 특유의 경쾌한 목소리로 말했다.

"저기 우리 신랑 온다."

그러자 같이 있던 사람들이 두리번거렸다.

"어디? 무슨 신랑? 누구?"

설마 다 늙은 남편을 두고 '신랑'이라고 표현하리라고는 상상도 못했던 것이다. 나 역시 머쓱해서 얼굴이 달아올랐지만 이렇게 대답했다.

"늙으면 안 되겠네요. 신랑인데."

사실 진짜 '신랑'이던 신혼시절, 나는 일에 파묻혀 신부를 그다지 돌보지 못했다. 오히려 신부가 내 일을 돕는 지경이었다. 퓨리나에 입사하던 해인 스물일곱에 결혼을 해서 신부를 데리고 대구로 내려갔다. 나야 일을 한다지만, 아무 연고도 없는 지방에서 아내는 무척 외로웠을 것이다. 그런데도 그런 내색 한 번 하지 않고 묵묵히 내 일을 도왔다.

영업을 위해 내가 밖으로 돌아다니는 동안 아내는 집에서 사료 주문전화를 받았다. 음식을 하다가도, 아이를 재우다가도 전화를 받아야 했다. 여러 가지로 참 고생이 많았다. 영업을 하니 그 시절에 자동차를 몰았지만 정작 아이가 아플 때 나는 아무 도움도 못 되었고, 아내 혼자 아이를 들쳐 업고 오지 않는 버스를 기다리며 병원에 간 적도 있다.

작은 단칸 신혼방에는 방 한가운데 커다란 식탁이 떡 하니 놓여 있었다. 특약점 직원들을 초대하거나 서울에서 직원들이 오면 식사를 대접해야 하기에 식탁만은 커야 했다. 그러다 보니 식탁이 방의 절반을 차지하는 진풍경이 펼쳐지기도 했다. 잠잘 때는 식탁을 한쪽 벽에 밀어놓고 식탁 밑으로 발을 넣어야 몸을 온전히 뻗을 수 있었다. 수시로 손님들에게 음식을 대접했던 것은 물론이다.

아내는 농담 삼아 "이 회사가 여기까지 크는 데 나도 한몫했어요"라고 하는데 틀린 말이 아니다. 가난한 살림에 낯선 도시에서 아이를 키워가며 일까지 돕느라 고생한 아내 덕에 나도 마음 놓고 일을 할 수 있었으니 말이다.

그래서 아내를 보면 미안함과 고마움이 함께 스치고는 한다. 무엇보다 아쉬운 것은 아이들이 한창 자랄 때 살갑게 대화를 나누지 못했다는 사실이다. 지금도 나는 직원들에게 말한다. 시기를 놓치지 말고 기회가 있을 때마다 아이들과 대화하라고 말이다.

사실 예전에는 우리 부부 사이에도 대화가 거의 없었다. 그러다 아이들을 출가시키고 둘만 남게 되었을 즈음 교회에서 진행한 부부 프로그램을 계기로 변화하기 시작했다. 우리는 그 프로그램에서 포옹하는 법부터 배웠다. 덕분에 이제는 일상에서도 포옹과 사랑의 인사를 자연스럽게 표현한다. 우리 역시 여느 중년 부부들처럼 별다른 표현을 하지 않던 부부였지만, 반복해서 하다 보니 어느새 익숙해지고 습관이 되었다.

나아가 이제는 "사랑을 표현하세요"라고 주변 사람들을 전도할 정도가 되었다. 얼마 전 아들과 딸의 집에 방문했을 때 우리는 내내 '훈련 조교'가 되었다. 아침 출근, 저녁 퇴근 때마다 부부가 서로 포옹하고 스킨십을 하라고 끊임없이 연습시킨 것이다. "포옹은 이렇게 하는 거야" 하고 조교들이 먼저 시범을 보여준 것은 물론이다. 그렇게 며칠 동안 연습을 시키고 나니, 어느새 아이들도 자연스럽게 서로 포옹을 하고 "사랑한다"는 말을 하게 되었다.

사랑도 표현해야 한다. 때로는 말로, 때로는 행동으로 끊임없이 전달할 때 사랑은 더 깊어진다. 표현은 연습이다. 처음에는 어색할지라도 반복하다 보면 마음도 표현을 따라간다. 즐거워서 웃기도 하지만 웃다 보면 즐거워지는 것과 같은 이치다.

이런 의미에서 우리 회사는 가족이 서로를 더 잘 이해하기 위한 자리를 만들고 있다. 1년에 한 번 열리는 가장 큰 행사인 사업전진대회에 직원 부부를 초청하는 것도 이런 이유에서다. 이를 통해 집에서는 보지 못했던 가족의 다른 면을 볼 수도 있고 어떤 사람들과 어떤 일을 하며 지내는지 알 수 있게 된다. 야근하느라 밤늦게 퇴근하고, 주말도 반납하며 출근했던 남편이 어떤 의미 있는 일들을 해냈는지 알게 되는 자리이다. 더불어 새벽밥을 지어주며 뒷바라지 했던 가족 역시 그 의미 있는 성과에 한몫을 해낸 분들임을 느끼게 된다.

우리는 이런 순간을 위해 가족들을 초대한다. 이 역시 표현의 한 방법이다. 부부뿐만 아니라 자식과 부모 사이가 소원해지는 큰 이유 중 하나가 서로 밖에서 어떤 일을 하며 살아가는지 잘 모르고, 이해가 부족해서 벽이 쌓이기 때문이라고 한다. 그래서 우리는 회사가 이루어 온 모든 것이 가족들과 함께 해낸 것임을 끊임없이 전하려고 노력한다.

지금까지 수없이 많은 일을 겪을 때마다 내 아내가 든든한 버팀목이자 좋은 친구이자 멘토가 되어주었기에 오늘의 내가 있을 수 있었다. 그렇기에 지금의 내 자리는 아내와 두 아이들이 함께 만들어왔다고 할 수 있다.

마찬가지로 우리 회사의 오늘은 직원들 모두의 노력과 그 가족들의 헌신으로 만들어진 것이다. 그러니 내가 고마움을 전하는 것이 합당하지 않은가. 다시 한 번 그분들께 고마움을 전하고 싶다. 그리고 아마도 나와 같은 마음을 가지고 있을 많은 이들이 그 마음을 사랑하는 가족에게 전하는 연습을 했으면 한다.

사람을 중시한다면 안전부터 지키자

지난여름, 인천대교 부근 버스 추락 참사는 많은 것을 생각하게 했다. 일견 사소한 듯 보이는 교통법규나 안전수칙을 지키는 일이 얼마나 중요한지 웅변하는 참극이었다.

그 사건을 계기로 우리의 안전불감증이 다시 한 번 드러났다. 사고 원인을 제공한 소형 승용차 운전자가 안전삼각대만 설치했더라면, 사고 버스가 안전거리만 충분히 확보했더라면, 도로 가드레일이 조금 더 튼튼했더라면 하는 아쉬움들이 뒤늦게 터져 나왔다.

그러나 사건 이후 발표된 조사 결과를 보면, 등록된 차량 가운데 37퍼센트가 삼각대를 갖고 있지 않는 것으로 나타났다. 새 차를 사면 공구세트와 함께 삼각대가 무료로 제공되지만 그런 사실 자체를 모르는 운전자가 태반이라고 했다. 그만큼 우리 자신도 안전불감증 속에 살고 있다는 의미다.

왜 갑자기 안전불감증을 이야기하는지 고개를 갸웃거릴지도 모르겠다. 그런데 나는 사람들의 안전을 지켜주겠다는 생각이야말로 진정으로 사람들을 소중히 여기고, 위하는 방법이라고 생각한다. 여기서 우리 회사의 안전에 관한 의식을 잠시 이야기해야겠다.

우리 회사의 모든 회의는 아주 독특하게 시작한다. 참석자들에게 비상구가 어디 있는지와 안전대피 요령을 알려준 뒤에야 비로소 회의를 시작하기 때문이다. 이것은 카길 그룹 전체에서 지키고 있는 철칙이다. 그래서 우리 회사에 입사한 이들이 첫 회의에 참석하면 대개 조금씩 당황하고는 한다. 긴장감으로 가득 찬 첫 회의에서 비상구가 어디 있는지 가르쳐주는 슬라이드가 회의자료 첫 장에 있으니 놀라는 것이 당연한 일인지도 모르겠다.

솔직히 우리도 처음 카길과 합병한 후 한동안은 그 슬라이드로 회의를 시작하는 것이 어색하기만 했다. "아, 우리는 회의 끝나고 어디서 뭐 먹는 게 더 궁금한데" 하며 우스갯소리를 나누기도 했다. 그러나 이제는 모두에게 자연스럽게 체질화되어 외부미팅에서도 안전고지가 없으면 왠지 허전하기도 하다. 이렇게 문화가 몸에 배는 것은 무섭다.

그만큼 우리 회사는 직원들의 안전에 촉각을 곤두세운다. 그것은 이야기한 것처럼 인재를 가장 소중하게 여기기 때문에 그 인재의 안전도 책임을 지겠다는 마음가짐을 실천하는 것이기도 하다. 그렇기에 경영진에게 가장 중요한 책임은 매일 우리의 직원들이 안전하게 일하고 무사히 사랑하는 가족에게 돌아가도록 하는 것이다.

이는 단순히 구호성으로 그치는 것이 아니라 실적평가에도 영향을 미칠 정도로 철저하게 지켜지고 있다. 안전사고가 발생해서 직원이 다치면, 사업 경영을 아무리 잘해도 평가를 제대로 받지 못한다. 회사에서 제일 중요한 인재를 다치게 한 것에 대한 책임 때문이다.

한번은 이런 일도 있었다. 몇 년 전, 중국 공장의 운전기사가 안전벨트를 매지 않았다는 이유로 해고되었다. 당시 이제 막 자동차 문화가 시작된 중국에서 안전벨트를 매지 않고 운행하는 일은 다반사였다. 중국인 운전기사들의 안전의식도 대부분 그 정도 수준에 머물렀기에 해고 당사자나 현지 직원들은 처분에 매우 당황했다. 그러나 이전부터 지속적으로 안전교육을 했음에도 안전수칙이 지켜지지 않은 것이기 때문에 그 일을 간과할 수 없었던 것이다.

이 정도로 안전에 대한 우리의 의지는 확고하다. 사실 우리는 공장을 운영하기 때문에 안전에 더욱 민감할 수밖에 없다. 어느 지사에서든 직원에게 작은 부상이라도 생기면 당장 현지 사장, 본사 사장과 안전 담당자와 전체 책임자인 내가 전화 회의를 한다. 왜 이런 사고가 났으며, 그다음에 어떤 조치를 취했고, 그 사람은 지금 어떤 상태이며, 앞으로 이같은 사고를 방지하기 위해서 무엇을 해야 하느냐를 바로 논의한다. 선택사항이 아니라 필수조치다.

그런데 재미있는 것은 이처럼 안전교육이 생활화되어 있다 보니 회사 밖에서도 그런 엄격한 시각으로 세상을 바라보게 된다는 사실이다. 외식을 할 때도 비상구를 눈여겨보게 되고, 집에서도 위험 요소들이 자꾸 눈에 들어와 개선하기 바쁘다. 목욕탕이 미끄러워 다칠 위험이 있어 보이니 안전 테이프를 붙인다든지, 소화기를 갖춰놓는다든지 하는 식으로 대처하게 되는 것이다.

아는 만큼 보인다는 말이 있듯 전에는 보이지 않던 것들이 눈에 들어오기도 한다.

내가 다니는 교회는 8층 규모의 아주 큰 건물인데, 한꺼번에 4,000명이 모여 예배를 본다. 그러다 보니 예배가 끝나면 엘리베이터에 사람이 몰리게 된다.

나는 자칫 사고가 생길지도 모른다는 경각심이 들었다. 그 전까지는 크게 느끼지 못했던 '안전'에 대한 염려가 생긴 것이다. 그래서 목사님께 건의를 했다.

"목사님, 교회에서도 긴급 상황에 대비한 대피훈련을 하셔야 합니다."

목사님을 만날 때마다 반복해서 말씀드렸더니, 결국 교회에서도 제안을 받아들여 이제는 예배를 시작하기 전에 비상상황에 따른 대피경로를 안내하고 있다.

이처럼 문화는 습자지에 물이 스며들듯 소리 없이 자연스럽게 스며든다. 우리 회사의 문화가 회사에서만 그치는 게 아니라 우리가 몸담고 있는 가정, 나아가 사회에도 스며든다.

사람을 아낀다면서 안전을 챙기지 않는 것은 진정으로 아끼는 것이 아니다. 자식을 사랑하는 가장이라면 당연히 모두에게 안전벨트를 착용하게 하고 안전운전을 해야 한다. 그런 실천도 따르지 않으면서 '사랑'을 논할 수는 없다.

너무 과하다고 생각할지도 모르지만 모든 사고는 '아차' 하는 순간에 생겨난다. 얼마 전 욕실에서 미끄러져 팔에 깁스를 한 엄마, 공사 현장에서 안전모를 쓰지 않아 사고를 당한 아빠를 보며 울먹이는 아이의 모습을 담은 한 공익광고를 보았다. 그렇다. 안전을 챙기지 않으면 결국 가정에서는 가족의 불행으로, 기업에서는 회사 전체의 불행으로 이어질 수 있다. 그러니 사랑한다면 안전부터 챙기자는 것이 당연하지 않은가?

신뢰를 지키는 것에 모든 것을 걸어라

살아가면서 지켜야 할 가장 중요한 가치 중 하나는 사람 사이에 형성된 신뢰다. 이것은 사업을 할 때도 매우 중요한 가치라고 생각한다.

1970년대에는 정부가 가격 통제를 했기 때문에 정부의 허가가 없으면 사료 가격을 올릴 수가 없었다. 사료 가격은 국제 곡물가의 변동에 따라 변한다. 국제 원자재 가격이 수시로 요동치기 때문이다. 그런데 한창 원료 가격이 치솟던 때인데도 정부가 사료의 가격을 동결시켜버리는 일이 발생했다.

한 달, 두 달을 기다려도 가격은 회복되지 않았다. 상황이 이쯤 되니 어이없게도 판매가격이 원가를 밑도는 상황이 이어졌고, 회사는 계속해서 적자를 면할 수 없었다. 말 그대로 팔면

팔수록 손해가 커지는 장사였다.

참으로 난감한 상황이었다. 여기저기서 걱정이 터져나왔고 배합비율을 조금 바꾸어서라도 원가를 낮추어야 한다는 목소리도 들려왔다. 사실 이런 상황에서 기업들이 빠질 수 있는 함정이 바로 품질을 포기하는 것이다. 가장 손쉬운 방법이기도 한데다 현실적으로도 기업이 생존하기 위해서 원가를 낮추는 것이 당연하다고 생각할 수도 있다. 실제로 사료의 배합 비율을 약간만 바꾸어 품질을 조금 낮추면 손해를 줄일 수도 있었다. 그냥 눈 한번 질끈 감고 "생존을 위한 선택을 하자"라고 말할 수도 있는 상황이었다.

하지만 우리는 애초에 그런 방법은 고려조차 하지 않았다. 아무리 손해를 본다고 해도 오랜 시간 쌓아온 신뢰를 무너트리는 행동을 우리 손으로 할 수 없는 노릇이었다. 품질을 떨어뜨리면 단기의 손해는 해결할 수 있을지 모르지만, 신뢰를 완전히 잃게 되고, 모든 것을 잃을 수도 있는 일이었다. 그런 확신이 있었기에 우리는 그런 무모한 결정을 내리지 않을 수 있었다.

하지만 아무리 우리가 버틴다고 해도 상황은 쉽게 나아지지 않았다. 그런 상태가 1년 이상 지속되자 본사에서는 더 이상 한국에서의 사업은 비전이 없다고 판단했고, 급기야 사업 철수를 심각하게 고려하는 상황에까지 이르렀다.

뭔가 대책이 필요했다. 우리는 고민 끝에 전국의 특약점 사장들을 집결시켰다. 회사가 어렵다는 것을 익히 알고 있었기에 이 모임에 뭔가 비장함이 서려 있다는 것은 느꼈지만 우리가 어떤 제안을 할지는 알 수 없었을 테니 다들 심각한 표정이었다.

우리는 먼저 회사가 처한 상황을 있는 그대로 설명했다. 이런 식으로 적자를 내는 상황이 지속되면 회사를 유지할 수 없으며, 본사에서는 한국 사업 철수까지 고려하고 있다는 것도 있는 그대로 숨기지 않고 말했다. 여기저기 웅성웅성하는 사이 우리가 생각한 복안을 던졌다.

"사장님들, 회사가 조금 더 연명하기 위한 한 가지 방법이 있습니다. 그런데 여러분의 도움 없이는 할 수 없는 일입니다. 죄송스러운 말씀이지만 그동안 특약점에 드렸던 수수료는 당분간 드릴 수 없습니다. 특약점도 아무 수익 없이 그냥 사업을 유지해야 합니다. 그렇게 해도 회사는 여전히 손해를 면할 수 없습니다. 그래도 당분간이나마 연명할 여지가 생길 겁니다. 이 상황을 이해해주시고 당분간 수익 없이 사업을 유지해주신다면 반드시 좋은 날이 올 것이라고 믿습니다."

지금 생각해보면 참으로 터무니없는 제안이었다. 사업가에게 수익을 기대하지 말라니 그게 말이나 되는 일인가. 하지만 당시에는 다른 방법이 없었다. 본사에서 한국 사업을 철수한다면 그분들 개개인의 사업도 문을 닫아야 하는 상황이니 그것만은 막아야 한다고 생각한 끝에 과감하게 제안한 것이다. 사실 말하면서도 반신반의했지만 그래도 우리가 그동안 쌓아온 믿음이 있기에 운명공동체로서 함께 고통을 나누고 이겨보자고 제안할 수 있었다.

잠시 침묵이 흘렀다. 그 짧은 순간 동안 얼마나 숨 막히는 긴장감이 흘렀는지 모른다. 잠시 후 한 사장이 "회사가 살고 봐야지 어쩌겠습니까. 사료는 나와야지요"라고 말문을 열었다. 팽팽하던 긴장이 풀리고 고마움이 목까지 차올랐다. 그가 입을 열자 다른 이들도 하나둘 거들기 시작했다.

"좋습니다. 저희가 얻을 수익이 없어도 좋으니 절대 회사는 떠나지 말아달라고 하십시오. 그래야 이 나라에 축산의 미래가 있습니다."

진심으로 가슴이 벅찼다. 우리가 보장할 수 있는 일이 아무것도 없는 상황, 다만 국제원자재 시세는 떨어질 날이 있으니 그저 지푸라기라도 잡는 심정으로 한번 믿고 버텨보자고 부탁한 것인데 특약점주들이 마음을 내어준 것이다.

실제로 특약점에 제공하는 수수료가 없어지면서 회사는 조금이나마 더 버틸 수 있었다. 적자 폭이 다소나마 줄어드니 미국 본사에서도 어느 정도 기회를 주었다. 우리가 쌓아온 상호간의 믿음이 빛을 발하던 순간이었다.

그렇게 반 년 정도 시간이 지난 뒤 어두운 터널의 끝이 보이기 시작했다. 국제원자재 가격이 급격히 떨어져 수지를 어느 정도 맞출 수 있었고, 정부도 시장 가격에 맞추는 정책을 시행한 것이다.

그 후로도 여러 차례 고비가 있었지만, 우리는 신뢰를 저버리는 일만큼은 하지 않았다. IMF 때도 품질을 저하시키면 안 된다는 철칙을 지켰다. 때로는 연중 몇 차례에 걸쳐 가격을 올려야 할 때도 있었지만 품질만은 포기하지 않았다. 그것은 우리를 믿고 사랑해주는 사람들에게 신의를 지키는 일이기 때문이었다. 당장은 가격이 부담되서 등을 돌리는 고객이 있을 수도 있지만 결국 진심은 통하게 마련이고, 품질이 좋은 우리 사료를 다시 사용하는 일이 대부분이었다.

나는 이런 일이 사업뿐 아니라 우리가 살아가는 모든 일에 적용되는 가치라고 생각한다. 아무리 어려움이 있다고 해도 그럴 때일수록 일시적인 미봉책을 쓰지 않고 더욱 자신을 갈고 닦아 신뢰를 지켜낸다면 반드시 어려움을 이겨낼 수 있을 것이다.

거짓말은 금세 표가 나게 마련이다. 반면 평생 정직한 자세로 일하다 보면 어느 순간 '그 사람은 믿을 만한 사람'이라는 신뢰가 쌓이게 되고, 그가 무언가를 추진하려고 할 때 의심의 눈초리를 보내는 것이 아니라 "아무개가 그런 일을 한다고? 그거 참 기대되는군요"라고 말해주는 사람이 주변에 많아질 것이다.

신뢰를 지키기 위해서는 좋은 시절이라고 해서 방만해져서는 안 된다. 그렇기에 우리는 사업이 잘될 때일수록 고객 서비

스를 더욱 강화한다. 물론 위기상황에도 적극적으로 나선다. 전염병이 돌아 불안한 시기에는 축산 농가들을 안심시키며 전국 방방곡곡 소독을 하러 다니고, 일손이 모자란 농가가 있다면 특약점과 영업직원들이 나서서 제 일처럼 도맡아 처리한다. 이처럼 시종일관 변함없는 우리의 모습을 고객들이 믿음직하게 여겨주신 덕에 우리도 무언가 필요한 것을 밝히면 주저하지 않고 도움의 손길을 내주시는 것이 아닌가 싶다. 이렇게 쌓인 믿음은 지금까지도 특약점주들이 회사를 더욱 사랑하는 것이 가능하도록 해주었다.

안성에서 2대째 특약점을 운영하고 계시는 한 사장님은 언젠가 내게 이런 말씀을 하셨다.

"저는 회장님보다도 이 회사를 더 사랑합니다. 임직원분들은 정년퇴직이 있지만 저는 평생 퇴직이 없지 않습니까? 20년을 했는데 앞으로도 30년을 더 할까 합니다. 그러니 제가 회장님보다 회사를 더 사랑할 수밖에 없지 않겠습니까?"

이런 마음은 신뢰가 없다면 불가능했을 것이다. 실제로 이분은 소비자들에게 어떻게 하면 혜택이 더 돌아갈지를 항상 염두에 두고 사업을 하는 분으로 주변에서 존경받고 있다.

이처럼 우리가 믿음을 선사하면 상대는 더 큰 믿음을 돌려주는 게 믿음의 부메랑 법칙이라고 생각한다. 신뢰를 지키면 반드시 그 답은 내게 돌아온다. 반면 신뢰를 포기하면 모든 것을 잃는다. 살아가다 보면 우리 눈앞에는 수많은 유혹들이 펼쳐지고는 한다. 그 순간 내가 지켜야 할 단 하나는 신의를 저버리지 않는 것이다. 어차피 한 사람이 모든 능력을 다 가지고 혼자서 일을 해낼 수는 없다. 그러니 서로를 믿고 의지하면서 한 걸음씩 나아간다면 더 좋은 일이 생기지 않겠는가? 세상에 지름길이란 없다. 표리부동해서 득을 볼 수 있는 일도 없다. 그저 우리에게 필요한 것은 정직하고 성실하게 자신의 맡은 바 일에 최선을 다하는 것뿐이다.

어려울 때일수록 가족처럼 함께하라

중국에서 사업을 시작하던 초창기를 떠올려보면 격세지감을 느낀다. 지금도 처음 난징 공항에 도착했을 때가 눈에 선하다. 당시에는 비행기도 낡았고, 공항도 형편없이 낙후되서 공항에 도착하면 탑승교(boarding bridge)도 없이 달구지 같은 것에 짐을 하나하나 받아 내려야 했을 정도였다.

심지어 공항에 우리를 마중 나온 차는 기사가 차 문을 열자 거짓말처럼 눈앞에서 문짝이 뚝 떨어져 나간 적도 있었다. 더 재미있었던 것은 기사의 태도였다. 그런 일이 일상이라는 듯 별다른 동요 없이 떨어진 문짝을 다시 맞춰 끼우고 주행을 시작했으니 말이다. 코미디 같아 보이지만 불과 20여 년 전 중국에서 겪은 일이다.

그런 열악한 조건에서 일을 시작했으니 한국에서 파견된 사람들의 고충도 이만저만이 아니었다. 편의시설은 고사하고 양자강 이남에 있는 건물들에는 보온시설을 설치할 수 없게 되어 있어서 직원들은 추운 날씨와 싸우며 견뎌야 했다. 심지어 밤이 되면 잠조차 잘 수 없을 정도로 추워서 에어컨을 건물 밖에 설치해 찬바람을 밖으로 내보내고, 그나마 좀 더 따뜻한 공기가 안으로 들어오게 했다는 이야기가 지금도 전설처럼 회자될 정도다.

그렇게 직원들이 사투에 가까운 헌신으로 오늘을 만들어냈다. 그러니 하루가 다르게 변화하는 현재의 중국을 보면서 만감이 교차하는 것이다.

우리는 한국에서 그랬던 것처럼 중국 현지에서도 농민들을 대상으로 교육부터 진행했다. 아무리 좋은 조건, 좋은 사료를 제공한다고 해도 그것을 운용하는 사람들이 준비가 되어 있지 않으면 그 효능이 최고로 발휘될 수 없기 때문이다.

사실 일을 해나가며 중국의 농민들을 계몽시키겠다는 마음이 전혀 없던 것은 아니다. 그런데 처음 교육을 실시하던 날 그 생각이 오만이었다는 것을 깨달았다.

중국 농민들의 열기가 어찌나 뜨거운지, 자리도 마땅치 않아 맨바닥에 앉아야 하는 악조건에도 운동장에 수천 명이 몰려와 강의를 듣는 것이 아닌가. 이후에도 그들은 비가 오는 날에도 그 비를 맞으며 자리를 뜨지 않았다. 그들에게는 지금까지 자신들이 해온 것과는 다른 무엇, 체계적이고 과학적인 축산법이 절실했던 것이다.

이렇게 절실함을 가진 사람들 앞에서는 누구나 겸허해진다. 우리 팀들도 성심성의껏 좀 더 많은 것을 알려주기 위해 노력했음은 물론이다. 애정을 가지고 함께 호흡하고 고민을 나누었고, 성장하고자 노력하며 우리는 또 다시 같은 꿈을 나누기 시작했다.

지금도 우리는 중국 인구 13억 명의 60퍼센트에 해당하는 농민들의 생활환경이 좀 더 나아지고 삶이 좀 더 풍요로워지기를 바라는 마음으로 일하고 있다. 그래서 몇 가지 지향하는 바를 결정했다.

첫째, 중국의 역사와 문화 그리고 사람 존중하기. 둘째, 큰 꿈, 큰 비전 갖기. 셋째, 생산성을 올리고 삶의 질을 향상시키기가 바로 그것이다.

이는 단순히 사업을 키우겠다는 욕심에서 벗어나 마음을 나누고 우리와 함께하는 사람들이 더 잘사는 길을 여는 데 공헌하겠다는 일종의 다짐과도 같은 것이다.

이런 마음으로 임하다 보니 중국의 사업은 나날이 번창하고 있다. 현지 직원들도 나날이 역량을 발휘해주고 있으니 감사한 일이다. 우리는 서로를 의지하고 존중하며 함께 나아가고 있다. 어려움을 나 몰라라 하지 않고 좋은 일은 함께 나누는 가족처럼 말이다.

몇 년 전 중국 쓰촨성에 큰 지진이 발생했을 때에도 이런 가족 정신이 빛을 발했다. 한국에서 지진 소식을 전해들은 나는 이틀 만에 짐을 꾸려 그곳으로 향했다. 공항에는 주로 군용기들만 있었을 뿐, 일반인은 찾아보기 어려웠다. 우리는 한국에서 챙겨간 의약품과 비상물자들을 잔뜩 싣고 현지 사무실로 찾아갔다. 현지 직원들이 얼마나 반가워하던지, 그 얼굴은 지금도 잊을 수 없다. 다행히도 우리 회사 건물과 직원들에게는 큰 피해가 없었다. 우리 사무실 옆 쪽에서 화재가 있었고 급박한 상황이 벌어졌지만, 직원들도 무사했고 공장에는 약간의 균열만 있었다.

놀란 가슴을 쓸어내리고 있으니 이번에는 현지 직원들이 나에게 "위험한데 왜 오셨습니까?"라고 타박 아닌 타박을 퍼붓는 게 아닌가. 나는 '환난 중에도 벗이 있으면 외롭지 않다'는 말을 떠올렸다. 그래서 "가족에게 일이 생기면 만사를 제치고 달려가듯, 우리의 발걸음도 그냥 이쪽으로 향했노라" 고 말했다.

그렇게 애정을 가지고 키워나간 중국 사업은 이제 현지인 리더들이 자리를 잡아가는 단계에 이르렀다. 처음에는 한국 팀 인재들이 중국에 사업을 뿌리내리기 위해 배출되었지만 이제 그곳에서 다시 인재가 배출되고 있는 것이다. 또 우리가 키운 현지 인재들이 경쟁업체에 스카우트 되고 있다. 열심히 교육한 인재가 유출되니 걱정되지 않냐고 묻는 이들도 있다. 하지만 나는 아쉽거나 걱정되지 않는다. 이야기한 대로 끊임없이 인재를 키우면 된다는 생각뿐이다.

지금도 농민 한 분 한 분의 든든한 동반자가 되어 교육에 정성을 들이면 된다는 마음으로 일하고 있다. 그렇게 하다 보면 맛있는 열매를 맺는 과실수들이 즐비한 숲이 되는 것도 시간문제가 아닐까 싶다.

요즘은 그 열매들을 보고 있다. 얼마 전 본사의 경영진과 함께 쓰촨성의 작은 마을에 들어가 양돈가를 만났을 때였다. 농민들이 우리를 향해 연신 고마움의 인사를 전했다.

"당신 회사 영업직원들이 잘 지도해줘서 애들을 대학에도 보내고 이렇게 잘살게 되었습니다. 고맙습니다."

나는 그분의 손을 잡고 말했다.

"우리가 더 고맙습니다."

이렇게 한 사람 한 사람의 삶이 좀 더 풍요로워지고 자라면 희망도 함께 커간다. 그렇기에 사람을 키우는 일, 진심에서 우러나 그 사람들을 가족으로 대하는 일은 언제나 주는 것보다 받는 것이 훨씬 더 많다.

숲을 얻으려면 나무를 심고 키우라는 말이 있다. 그 말처럼 나는 오늘도 한 명 한 명의 인재가 더 큰 나무가 되는 숲을 만들기 위해 노력한다. 어려움이 있어도 희망이 있고, 즐거움과 보람이 있기에 더 열심히 항해를 할 수 있는 것이다. 사람과 더불어 성장하고, 함께 걸어갈 수 있다는 것은 그렇게 행복하고 기쁜 일이다.

• • •

누구에게는 극한의 위기상황이 누군가에게는 최고의 기회가 될 수 있다는 말을 기억해두자. 위기를 위기로 받아들이지 않고 스스로 성장할 수 있고, 도약할 수 있는 기회이자 실력을 닦을 수 있는 시간이라고 여긴다면 위기란 말에 현혹될 일도 없을 것이고, 심신의 안정을 도모하면서 더 나은 미래를 만들어갈 수 있을 것이다.

2장

1퍼센트라도 가능성이 있다면 그것은 가능한 일이다

믿음이 가장 아름다운 꽃을 피워낸다

누구에게나 처음이 있다. 그 처음의 시작은 아무리 시간이 흘러도 지워지지 않을 만큼 선명히 기억되게 마련이다. 내게는 대구에서의 신입사원 시절이 잊을 수 없는 기억이다. 그때는 내가 생각해도 참 열심이었다. 지금은 길이 많이 바뀌어서 잘 모르겠지만, 한때는 경상북도 전역을 지도 보듯 선명하게 기억하고 있었을 정도였다. 영업을 하면서 구석구석 안 다닌 데가 없었기 때문이다. 그만큼 누가 보든 보지 않든 참 열심히 일했다. 그때를 생각하면 슬며시 웃음이 나기도 한다. 여러 가지 일이 있었고 새로운 도전과 시행착오도 많았던 다사다난한 시절이었다.

당시 회사에서는 영업사원들을 각 지역에 발령하면서 "당신은 지역을 책임지는 도지사와 같다"고 했다. 그러고는 1969년도 산 코로나 자동차 한 대와 전화 한 대, 그리고 셋방을 마련해주었다. 차는 기동성을 위해서, 또 전화는 주문을 소화하기 위해서 꼭 필요했다.

여담이지만 이 차와 전화 때문에 재미있는 일도 많았다. 당시만 해도 자가용은 물론이고, 전화 또한 부유한 사람들의 상징처럼 여겨지던 때였다. 마을 사람들이 함께 쓰는 전화기가 한 대 있을까 말까 하던 시절이었으니 새파랗게 젊은 남자가 차를 몰고, 밤낮으로 전화를 해대는 것을 동네사람들은 신기한 눈으로 바라보았다. 심지어 주인집 어르신은 나를 간첩으로 오인하기까지 했다. 한편으로 생각하면 젊은 나이에 '도지사처럼 일하라'는 책임감과 권한을 부여받았고, 또 멋진 차와 전화까지 갖추었으니 어깨에 힘이 들어갈 법도 했다. 하지만 대구에서 내가 살아온 현실은 고개를 뻣뻣하게 새울 만한 일상은 아니었다.

지금처럼 도로 사정이 좋지도 않아 대부분 비포장 도로여서 고생이 이만저만이 아니었다. 예를 들어 대구에서 안동에 한번 가려면 이른바 '빨래길'을 거쳐야 했다. 빨래길은 길이 빨래판처럼 도톨도톨하다고 해서 붙은 이름이었다. 그런 비포장 도로들을 텅텅거리며 얼마나 누볐는지, 흔히 '쇼바'라고 하는 쇼크업소버가 수시로 고장이 났고, 나중에는 스프링을 하나씩 덧대어 다니지 않고는 버틸 수가 없을 지경이었다.

고되고 정신없는 일상이었다. 더구나 지역 전체를 책임지는 지역부장이라는 직함까지 달고 있으니 내 어깨에는 그 무엇보다 큰 책임감이 얹어져 있었다.

그렇지만 그것은 그만큼의 부담감인 동시에 나를 움직이게 해준 힘이 되었다. '당신이 도지사나 다름없다'라는 회사의 믿음은 어려운 상황에도 신바람 나게 일하는 데 단단히 한몫을 해주었다. 그렇기에 어떤 일이든 최선을 다해 할 수 있었다. 때로는 내 영역 외의 일까지도 처리해야 했지만 그때그때 기쁜 마음으로 일할 수 있었다. 그러고 보면 일인다역이란 말이 딱 어울릴 만큼 다양한 일을 했던 것 같다.

예컨대 영업직원인데도 구매에 나서야 했던 적도 있다. 당시만 해도 수입이 완전히 개방되지 않은 때여서 원료 수급에 차질이 있는 경우가 많았다. 원료가 원활하게 수급되지 않으면 당연히 원료를 확보하기 위한 쟁탈전이 벌어졌다. 원료가 있어야 제품도 만들고, 제품을 만들어야 팔 수 있으니 회사에서는 원료를 확보하는 데 총력을 기울였다.

오죽하면 판매영업직에게 "원료를 구해오는 만큼 사료를 주겠다"라고 했을까? 많이 팔고 싶으면 어떻게든 원료를 구해오라고 주문한 것이다. 상황이 이렇다 보니 영업사원이 사료를 팔러 다니는 게 아니라 원료를 구하러 다니기에 바쁜 진풍경이 벌어지기도 했다. 생각보다 더 고생스러운 일이었지만 나는 이런 일을 늘 기쁘게 했다.

한번은 중요한 사료 원료인 쌀겨에서 기름을 짜고 남은 탈지강을 얻겠다고 별별 일을 다 했다. 기름 공장 옆에 진을 치고 있기도 했고, 수박을 사들고 공장 사장의 집으로 매일 저녁 찾아가 사정하기도 했다. 물론 새벽부터 고객들을 찾아다니며 농장 청소를 돕고, 위생관리를 하고, 사료 분량을 체크하는 등 일상적으로 해오던 일을 다 마친 뒤에야 비로소 할 수 있는 일이었다. 당연히 몸은 피곤하고 잠도 부족했다. 하지만 기분만은 매 순간 최고였다.

그때 확실하게 깨달은 사실 하나는 사람은 믿음이라는 그늘 아래에서 자기가 가진 역량을 가장 아름답고 화사하게 피워낼 수 있다는 것이다.

사람은 믿는 만큼 성장한다. 사람들은 때로 아직 역량이 부족하니 조금 더 시간을 두고 지켜보자고 말한다. 그 말은 어찌 보면 타당하지만 또 어찌 보면 편협한 생각이라고 본다. 실제로 우리 회사에 젊은 임원들이 많았을 때는 간혹 외부에서 "나이에 비해 너무 높은 자리를 맡기는 것이 아니냐?"며 우려 섞인 시선을 보내기도 했다.

하지만 나이가 많고 경력이 많다고 해서 능력이 갖춰지는 것이 아니듯 나이가 어리다고 해서 능력이 없다고 단정 지어서는 안 된다고 생각한다.

흔히 '자리가 사람을 만든다'라는 말도 있지 않은가? 내가 그러했던 것처럼 부장의 자리에 앉으면 그 사람은 나이가 몇 살이든 부장의 역할을 해낸다. 이사의 역할을 맡으면 최선을 다해 이사의 역할을 해낸다. 단 전제조건이 있다. 스스로 그 일을 해낼 수 있다는 믿음, 다시 말해 자신감을 가져야 한다. 아무리 주변에서 기대를 가지고 믿음을 보여주어도 스스로에 대한 확고한 믿음이 없다면 그 일을 해내기 어렵다. 결국 이런 자신감과 자신에게 쏟아지는 기대가 서로 적절하게 상호작용하면서 엄청난 시너지를 발휘하는 법이다.

믿음만큼 중요한 것은 없다. 세상은 그 믿음으로 움직인다. 우선은 나 자신을 믿어보자. 우리는 누구나 자신이 생각하는 것보다 훨씬 더 많은 일을 해낼 수 있다. 20대의 내가 아무것도 모른 채 낯선 타지로 가서 일을 해낼 수 있었던 것처럼 누구나 어떤 상황이 주어져도 그것을 해낼 수 있다.

사람과의 관계에서도 마찬가지이다. 상대를 대인이라고 믿으면 그는 내게 대인의 모습을 보여줄 것이고, 소인이라고 생각한다면 그는 내게 소인배의 모습을 보여줄 것이다. 누구나 믿음으로 많은 것을 키워가고 성취해갈 수 있기를 바란다.

신념이 있다면 주저하지 말고 한 걸음 내딛어라

지금은 중국에서의 사업이 급성장해서 자리를 잘 잡고 있지만 사실 처음 중국에 진출할 때부터 모든 것이 순조로웠던 것은 아니다. 솔직히 말하면 사업 자체를 할 수 없을지도 모르는 상황에서 시작한 일이었다.

나는 중국에 개방의 물결이 일던 시절부터 중국 시장에 관심을 가지고 있었다. 사실 그즈음 사업을 하던 사람이라면 누구나 13억 명의 잠재고객이 존재하는 중국에 군침을 흘렸을 것이다. 우스갯소리로 '이쑤시개 하나씩만 써도 13억 개'라며 중국 땅을 황금알을 낳는 거위로 생각하고 정신없이 몰려들었으니 말이다.

하지만 준비 없이 시작한 사업이 휘청거리지 않을 수 없듯 이

전에 경험해보지 않은 중국 시장에서 자리를 잡는 일이란 쉽지 않았다.

우리 회사도 중국 진출의 물꼬가 열린 1992년 난징에 난징퓨리나 유한공사를 설립하며 중국에 발을 들여놓았다. 그러나 장밋빛 미래를 꿈꾸며 무작정 중국에 진출했다가 쓴잔만 마시고 떠나야 했던 수많은 기업들처럼 몇 년간 이렇다 할 성과를 내지 못한 채 적자에 허덕여야 했다. 비단 사료사업뿐 아니라 중국 내에서 추진하던 몇몇 사업이 모두 지지부진한 상황이었다. 결국 본사에서는 전체 임원이 모이는 대대적인 전략회의를 홍콩에서 개최하기로 했다. 중국 사업 철수를 논의하기 위한 자리였다.

회의 소식을 듣고 나는 마음이 조급해졌다. 내가 오랫동안 진출하기 위해 고민했던 시장이기도 했거니와 중국을 그렇게 쉽게 포기해서는 안 된다고 생각했기 때문이었다. 사실 세계에서 가장 많이 돼지를 사육하는 나라가 중국이다. 중국 요리에 돼지고기가 얼마나 많이 쓰이는지만 봐도 돼지고기가 식재료의 많은 부분을 차지하고 있다는 것을 알 수 있다. 뿐만 아니라 역사, 문화적으로 봤을 때도 중국에서 양돈시장은 분명히 가능성이 있다고 여겨졌다.

나는 시간이 좀 걸릴 뿐, 중국은 여전히 잠재 가능성이 큰 시장이라고 확신하고 이를 임원들에게 알려 중국에서 철수하는 것만은 막겠다고 다짐했다. 그래서 1시간 분량의 프레젠테이션을 정성들여 준비하고 책자도 만들었다. 충분한 가능성과 할 수 있다는 의지와 열정이 있으니 임원진만 잘 설득한다면 불가능한 일은 아니라고 생각했던 것이다. 나와 참모진들은 머리를 맞대고 할 수 있는 모든 것들을 동원해 회의를 준비했다.

그런데 운명의 장난인지 회의시간이 지연되는 바람에 내게 주어진 발표 시간이 10분밖에 되지 않았다. 답답한 노릇이었으나 물러설 수 없었다. 나는 그 짧은 시간 동안이라도 내가 할 수 있는 최선을 다하기로 하고 비장하게 연단에 섰다. 그리고 간절한 마음으로 호소했다.

"시간이 없으니 단도직입적으로 말씀드리겠습니다. 중국은 미래시장이니 절대 떠나서는 안 됩니다. 이렇게 좋은 기회에서 손을 떼버린다면, 아마 오랫동안 후회하게 될 것입니다. 비행기를 타고 돌아가시는 동안 제가 드린 이 책자를 꼭 읽어봐주십시오."

확신을 가지고 던진 승부수였다. 하지만 그런 노력에도 불구하고 본사 경영진들은 중국 시장에 대해 회의적인 시각을 고수했다. 그렇다고 포기할 수 없는 일이었다. 나는 귀국 후에도 뜻을 굽히지 않고 본사 경영진을 줄기차게 설득했다. 중국 시장은 포기할 수도 없고, 오히려 더욱 적극적으로 개발해나가야 한다는 신념이 있었기에 지치지 않고 행동했다. 절대로 쉽게 꺾여서는 안 되고 꺾을 수도 없는 목표였다.

나는 본사 경영진들을 설득하기 위해 다양한 전략을 세웠다. 우리 의견만 고수해서는 절대로 그들을 설득할 수 없다는 것을 알았기에 방법을 바꾸고 설득할 수 있는 묘책을 계속해서 찾아냈다. 상대가 받아들일 만한 협상안을 만들기 위해 불철주야 애를 쓴 것이다.

그리고 마침내 많은 고민과 계산 끝에 새로운 협상안을 제시했다. 한국 팀에서 적은 비용을 가지고 다시 한 번 이 사업을 추진할 수 있도록 기회를 달라고 청한 것이다. 이런 제안을 하기까지 많은 사항을 고려하였다. 무엇보다 한국은 중국 시장과 지리적인 입지에서 유리했다. 가깝다는 것은 시간, 비용 등 모든 면에서 효율성을 기할 수 있기 때문이다. 그렇게 나는 마지막 카드를 던졌다. 한 지역에 50만 달러씩 열 군데에 공장을 지을 수 있도록 500만 달러를 지원해달라는 당초의 의견을 접고 규모를 대폭 줄인 것이다.

이미 진출한 난징은 양쯔 강 이남 사업의 중심으로 두고, 양쯔 강 이북인 북부 중국을 우리 한국 팀에서 개발하도록 해달라고 제안했다. 투자금은 100만 달러, 최악의 경우 회사가 손해를 본다고 해도 그 정도 금액이면 감수할 수 있으리라 판단하고 최소한을 요구한 것이다.

"100만 달러로 우리가 비즈니스 모델을 보여드리겠습니다.

그러니 만약 그 작은 시작에서 수익이 난다면 더 크게 확장할 수 있도록 지원할 것을 약속해주십시오."

예상은 적중했다. 우리가 내걸었던 조건은 본사에서도 어려움 없이 통과되었다. 어차피 철수할 바에는 100만 달러 정도 더 손해 보는 셈치고 기회를 준 것이다.

우리는 당장 팀을 꾸려 중국 산둥성 일대를 샅샅이 뒤졌다. 인수할 만한 사료공장을 찾기 위해서였다. 쉬운 일은 아니었다. 아무리 15년 전의 중국이라고 해도 100만 달러라는 돈은 사업을 시작하기에 결코 충분한 금액이 아니었다. 하지만 발품 팔아 안 되는 일이 있던가. 우리는 운이 좋게도 옌타이에서 작은 공장을 하나 찾아냈다. 말이 좋아 공장이지 얼핏 보면 방앗간같이 보일 정도로 작은 규모였다. 거기에 옌타이 시정부의 식량 담당 부서인 양식국에서 공장 현물을 투자 받아 합작으로 사업을 시작할 수 있었다. 1996년의 일이다.

젊은 직원 2명이 공장 운영과 영업을 담당하는 책임자로 현지에 파견되었다. 그들은 도착하자마자 열악한 환경을 개선해 일할 수 있는 공간으로 만들고, 직원들을 뽑아 교육시키기 시작했다. 그렇게 공장 운영을 시작했다.

지금이야 웃으면서 그때 이야기를 할 수 있지만 당시 그곳은 마치 미국 서부 시대의 개척자와 같은 생활밖에 할 수 없었다. 열악하고 험한 환경, 낯선 기후와 언어, 여러 가지 열악한 조건들을 감내하면서 새로운 시장을 만드는 일은 매우 어려웠다. 한국과는 비교할 수 없을 정도로 몇 배의 노력과 헌신이 필요한 일이었다. 고맙게도 현지인들과 교감하며 그들의 신뢰를 얻었고, 마침내 그 열매를 맺었다. 공장을 가동한 첫 해에 옌타이 공장이 수익을 창출해낸 것이다. 퓨리나 역사상 중국에서의 첫 수익이었다.

밑 빠진 독에 물을 길어놓은 콩쥐를 보듯, 본사에서는 우리의 실적을 보고 놀라워했다. 수년 만에 처음으로 중국 시장의 가능성을 경험한 것이었으니 믿어지지 않았을 것이다. 그렇게 실증을 보여주자 그때까지 회의론 일색이던 중국 시장에 대한 태도가 서서히 바뀌었다. 본사는 중국 시장 철수계획을 철회했을 뿐 아니라 우리가 2개의 공장을 더 지을 수 있도록 충분한 자금을 지원했다.

오늘날 우리가 중국에서 거두고 있는 성과는 모두 이런 과정을 거친 것이다. '천리 길도 한 걸음부터'라는 속담이 있다. 내가 이루고 싶은 거대한 목표가 있다면, 그것을 해낼 수 있다는 확고한 신념이 있다면, 우리가 가장 먼저 해야 할 일은 일단 한 발을 떼는 것이다.

간혹 어떤 조건들이 다 만들어져 있어야 실행을 하거나 혹은 조건이 갖춰져 있지 않으면 지레 포기해버리는 사람들이 있다. 그런 모습을 볼 때마다 안타까운 마음이 들고는 한다. 그런 이들에게 해주고 싶은 말은 딱 하나이다. 이상이 높다면 그 이상을 향해 오를 수 있는 계단이라도 쌓아야 그곳에 이를 수 있다는 사실이다. 욕심을 부리기보다 한 걸음 한 걸음 차근차근 옮기다 보면 언젠가 생각하는 것보다 더 큰 성과를 얻을 수 있다.

어느 건축가가 "건축이란 벽돌 한 장을 조심스럽게 올려놓는 것으로 시작된다"라고 말한 것처럼 세상의 모든 일은 이렇게 시작이 있고, 작은 일에서 더 큰 일로 커져나간다. 아무리 답이 보이지 않아도 일단 시작할 수 있는 열정과 신념이 무엇보다 중요한 것이다.

어려움에 처해도 내가 해야 할 일을 찾아라

2000년, 내가 몸담고 있던 랄스턴 퓨리나가 카길 그룹에 매각된다는 발표가 났다. 애견식품군은 네슬레 그룹에, 사료사업부는 카길 그룹에 파는 식으로 해체되었다. 어느 정도 예상은 했던 일이었지만 막상 매각 발표가 나자 회사는 온통 어수선했다.

나 역시 마음이 복잡하긴 매한가지였다. 회사가 매각된 이상 내가 이 회사에 계속 다닐 수 없을 것이라는 생각이 들었다. 기업을 인수하면 경영진부터 교체되는 것이 수순이기 때문이다. 그러니 나를 보는 직원들의 시선에는 안타까움이 가득 차 있었다. 나로서는 그것도 답답한 일이었다. 잠시였지만 나는 무엇을 해야 할지, 어떤 자세를 취해야 할지 혼란스러웠다.

하지만 마음을 가다듬고 잠시 생각을 해보니 답은 쉽게 나왔다. 일자리야 없어진 다음에 찾으면 되는 것이고, 어쨌든 지금 나는 이 회사의 CEO가 아닌가. 조직을 이끄는 리더로서 내가 해야 할 일은 너무도 자명했다. 나보다 더 불안해하고 있는 우리 직원들이 흔들리지 않고 현업에 충실할 수 있도록 해주는 것이 내게 주어진 과제였다.

나는 직원들과 이 상황을 슬기롭게 풀어가기 위해 본능적으로 지금 상황에서 '좋은 점'이 무엇인지 찾기 시작했다. 하늘이 무너져도 솟아날 구멍이 있다고 하듯이, 절망적인 상태이지만 단지 1퍼센트의 가능성이라도 찾을 수 있으리라는 믿음이 있었기에 가능한 일이었다. 나는 곰곰이 생각에 생각을 거듭했다.

'회사가 매각되어서 좋은 점도 분명히 있을 거야. 그게 뭘까? 우리한테 이득이 되는 것은 무엇이지?'

우려했던 것보다 훨씬 더 많은 가능성이 머릿속을 채웠다. 무엇보다 카길은 당시 세계 곡물 시장에서의 점유율이 높은 거대 기업이었다. 전 세계 60개국에 일하는 사람만 해도 10만 명이 넘었고, 연간 매출도 75조나 되는 회사였다. 이렇게 세계에서 제일 큰 농업 관련 기업이니, 최소한 이 회사가 모기업이라면 회사를 매각한다는 이야기는 더 이상 나오지 않을 것이라는 생각이 들었다.

조금 더 생각해보면 이런 기업이 모기업이라면 지속적인 투자가 이루어질 수 있다는 장점을 얻게 되는 것이다. 우리로서는 더없이 좋은 기회가 될 수 있으리라는 판단이 들었다.

왜 퓨리나를 매입했을지를 두고도 고민했다. 이번에도 답은 어렵지 않게 나왔다. 우리 회사가 그만큼 투자할 만한 가치가 있다고 판단한 것이 아닌가! 우리가 얼마나 경영을 잘했으면 그 거금을 주고 회사를 매입했겠는가 말이다. 우리의 브랜드와 인적자산이 그만큼 인정받고 있다는 의미였다. '이거다!'

지체하고 있을 시간이 없었다. 한 시라도 빨리 직원들을 혼란 속에서 건져주어야 했다. 나는 다음 날 곧바로 임원회의를 소집했다. 자리에 모인 임원들은 밤새 한숨도 못 잤는지 얼굴들이 말이 아니었다. 나는 다른 날보다 한껏 더 고무된 목소리로 이렇게 말했다.

"우리에게는 지금보다 훨씬 더 좋은 미래가 있을 겁니다. 카길이 우리의 모기업이 된다는 것은 세계에서 제일 큰 기업이 우리를 위해서 투자를 하게 된다는 의미입니다. 또한 여러분처럼 훌륭한 인재가 있기에 이 회사를 산 것이니 카길에서도 분명 우리에게 기대하고 있을 것입니다. 모기업의 기대를 한몸에 받는다는 것은 그만큼 우리 회사의 미래가 무척 밝다는 뜻이 아니겠습니까? 걱정은 저 하나로 족합니다. 여러분들이 걱정할 일이 아니라는 말입니다. 내 걱정은 내가 할 테니 염려마시고, 여러분은 미래가 아주 밝다는 것만 꼭 기억해두십시오."

어디서 그런 배짱이 나왔는지 모르지만 나는 진심으로 직원들이 더 좋은 환경에서 일할 수 있게 되고, 또 더 나은 미래를 꿈꿀 수 있게 되었으면 좋겠다는 바람을 가졌다. 임원진들과의 회동이 끝나고 직원들에게도 똑같이 말했다. 걱정은 여전했지만 그래도 조금이나마 마음의 안정을 찾는 듯 했다.

사실 어떤 상황에서도 긍정적인 시선을 유지하려는 성향은 아버지로부터 영향을 받은 것 같다. 아버지는 여든 살이 넘어서도 항상 미래를 이야기하셨다. 농장을 직접 운영하시던 아버지는 신문에서 새로운 작물 이야기라도 읽으시면 5년 후, 10년 후를 내다보며 비전을 말씀하셨다. 그 나이의 어르신들이 대개 "남은 날이 얼마나 있다고……"라며 소극적인 태도를 보이는 것과는 사뭇 다른 면모를 지니셨던 것이다. 그런 아버지에게서 낳고 자랐으니 아무리 암담한 현실이 펼쳐진다고 해도 좋은 점을 찾는 것이 자연스럽게 몸에 배일 수밖에 없었다.

마음의 안정을 찾아가고 있던 그해 12월, 드디어 카길 본사에서 호출이 왔다. 매입한 기업의 경영자를 만나고자 한 것이다. 카길 본사는 퓨리나 국제부 사장인 빌 암스트롱과 나, 단 두 사람만 불렀다. 들리는 소식에 의하면 퓨리나에서 가장 영향력 있는 사람 둘을 불러들였다고 했다. 하지만 기분이 좋을 수만은 없었다.

나는 카길 본사가 위치한 미국 중북부의 미니애폴리스로 날아갔다. 날씨가 어찌나 추운지 스산하기 이를 데 없었다. 한파

속에 오들오들 떨며, 나는 팔려간 소가 된 듯한 기분에 젖었다. 팔린 회사의 CEO가 시험을 보러 가는 자리나 마찬가지였으니 어찌되었든 즐거울 수 없는 일이었다. 우리를 마중 나온 본사 경영진의 친절조차 부담스럽고 가시방석처럼 불편하기만 했다.

그런데 놀라운 일이 벌어졌다. 호텔방에 들어서니 편지 한 통이 놓여 있었다. 카길에서 내게 보낸 편지였다. 열어보니 참으로 오랜만에 보는 친필 편지였다. 대개 외국 사람들은 타이프로 내용을 친 후 마지막에 친필 사인만 써넣는데, 그 편지는 전체가 친필로 쓰여 있었다. 나중에 보니 이것은 카길의 문화였다. 마음을 담은 중요한 편지를 쓸 때는 직접 손으로 글을 쓴다는 것이다.

편지의 주인공은 카길 그룹 가운데 우리를 인수한 사업부 사장이었다. 길지 않은 편지를 읽어 내려가며 나는 한 문장에 놀라지 않을 수 없었다.

'formidable competitor(도저히 이길 수 없는 경쟁상대).'

그는 우리를 두고 그렇게 말했다. 어안이 벙벙해 그 의미를 다시 확인하려고 사전을 뒤지기까지 했으니 내 마음이 어떠했는지는 더 말하지 않아도 알 것이다.

'이길 수 없는 경쟁상대 회사를 사게 되어서 우리는 너무나 행복합니다. 그리고 그 회사를 가장 성공적으로 경영한 당신을 만나게 되어 한없이 기쁜 마음입니다.'

긴장으로 팽팽하게 날이 서 있던 마음이 한순간에 녹아내렸다. 다음 날 아침, 나는 본사에서 분에 넘치는 환대를 받았다. 사료사업부 임원도, 카길 본사의 임원도 정말 오랫동안 만난 친구처럼 혹은 가족처럼 대해주었다.

돌아오는 길에 빌 암스트롱과 나는 서로의 느낌을 이야기했는데 그는 "오랜만에 따뜻한 집에 돌아온 느낌입니다"라고 했다. 나와 같은 마음이었던 것이다. 한국에 돌아와서도 나는 직원들에게 내가 받은 느낌을 그대로 전했다.

다음 해 여름, 회사를 합병한 카길이 합병을 당한 퓨리나의 사장인 나를 카길 한국 회장 겸, 카길 본사 동물영양사업부 수석부사장, 북아시아지구 총괄 사장으로 임명했다. 적자생존의 냉혹한 법칙이 작용하는 인수합병(M&A) 세계에서 매우 이례적인 사건이었다. 이로서 내게는 섬겨야 할 더 많은 사람들과 해내야 할 더 큰 일들이 주어졌고, 또 하나의 의미 있는 도전을 시작하게 되었다.

그야말로 위기가 내 인생 최고의 기회로 전환된 순간이었다. 누구에게나 이런 일은 일어날 수 있다. 중요한 것은 생각과 마음가짐이다. 위기에 대처하는 태도 말이다. '어차피 안 될 거야'라고 생각하면 그 순간 모든 기회의 문은 닫혀버린다.

더불어 자신을 두려움 속으로 밀어 넣어 판단력마저 흐릿하게 만들 수도 있다. 내가 만약 '아, 이젠 이 회사에 내가 있을 자리는 없어. 더 늦기 전에 내 살 길을 찾아야지'라고 부정적인 생각만 했다면 과연 결과가 어땠을까? 아마 땅을 치고 후회할 일이 일어났을 것이다.

잊지 말자. 위기를 위기로만 바라보지 않고 그 안에 숨어 있는 가능성을 찾아낸다면 위기가 오히려 더 큰 기회가 될 수도 있다는 것을 말이다.

항상 준비하면 새로운 문이 열린다

가끔 주위를 둘러보면 사람들은 미리 일어나지도 않은 일을 두고 지레 겁부터 먹는 사람들이 있다. 두려움이 생기면 어느 순간 나도 어쩌지 못하고 그것에 압도당하는 경우가 많다. 하지만 정작 그 일은 일어나지 않을 수도 있고, 설령 일어난다고 해도 미리 준비하고 대비한다면 어려움은 있을지언정 반드시 해결할 수 있게 마련이다. 결국 마음먹기에 따라서 똑같은 일이 매우 두렵고 어려운 일이 되기도 하고, 혹은 해결책을 찾을 수 있는 해볼 만한 일이 되기도 하는 것이다. 내가 어떻게 생각하고 마음을 다지느냐에 따라 전혀 다른 결과를 얻을 수 있다는 의미이다.

나는 구제역이 발생했던 2000년의 일을 선명하게 기억한다.

사실 우리나라에 구제역이 퍼지기 3년 전인 1997년에 대만이 구제역으로 초토화된 적이 있다. 돼지 380만 두를 살처분하는 등 직간접으로 수조 원의 경제적 손실을 입은 엄청난 일이었다. 이 일은 사실 인재(人災)에 가까웠다.

대만의 경우 구제역 발생 초기에 정부와 축산 농가에서 뚜렷한 대책을 내놓지 못했었다. 이미 발생한 일을 덮어둘 것이 아니라 차단 방역을 철저히 해서 더 이상 확산되지 않도록 해야 하는데 그런 노력을 기울이지 않은 것이다. 그야말로 초기 방역의 실패였다.

게다가 축산 농가들은 구제역이 발생하면 엄청난 손해를 볼 수밖에 없기 때문에 감추려고 하기 쉽다. 감염이 의심되면 빨리 내다 팔거나 도축장에서 잡아버리는 방법을 택하기도 하는데 그렇게 되면 전염병이 더욱더 무섭게 확산되고 만다.

대만은 그런 미온적인 대응이 얼마나 기가 막힌 결과를 초래할 수 있는지를 보여준 사례라고 할 수 있다. 정부의 적극적이지 못한 초기 대처, 축산 농가들의 자기 손실을 최소화하고자 하는 이기심 때문에 결과적으로 손을 쓸 수 없을 정도로 사건이 확산된 것이다. 당시 대만은 일본으로 육류 수출을 많이 하고 있었는데 이 사건으로 판로가 완전히 막혀버렸고, 그로 인해 천문학적인 손실을 입어 산업 자체가 붕괴될 지경에 이르렀다.

대만의 소식은 우리나라 사료 축산업계에도 비상등을 켜게 만들었다. 우리나라도 구제역에서 자유로울 수 없다는 불안심리가 업계 전반으로 퍼진 것이다. 이러다가 언젠가 한 번 일이 터지면 축산업도 붕괴되고 업계도 주저앉는 것이 아니냐는 우려가 팽배했다.

나는 문득 걱정만 하다가는 정작 일이 닥쳤을 때 손도 써보지 못하고 그대로 당할 수도 있겠다는 생각이 들었다.

그래서 우리는 걱정과 두려움으로 산업 전반에 대한 부정적인 생각을 키우기보다 스스로 대처할 수 있는 힘을 키우기로 결정했다. 보험으로 미래를 대비하는 것처럼 준비만 철저히 해둔다면 어떤 문제가 생겨도 극복할 수 있으리라는 확신을 가진 것이다. 물론 구제역이 발생하지 않으면 더 좋겠지만, 생길 수 있는 문제이니 만에 하나 발생한다고 해도 신속하게 해결하겠다는 다짐이기도 했다.

우리는 먼저 농가에서 방역 캠페인부터 시작했다. 고객들에게 위생관념을 심어주고 철저하게 방역하는 법을 알려주는 데에 최선의 노력을 기울였다. 처음부터 쉬운 일은 아니었다. 그때만 해도 방역에 대한 개념조차 명확하지 않고 낯선 시절이었다. 그런 상황에서 축산 농가를 찾아가 방역 교육을 하고, 소독도 철저히 하도록 했으니 농가에서는 아직 일어나지도 않은 일을 두고 너무 유난을 떠는 게 아니냐며 의구심을 보이기도 했다.

그럴수록 우리는 만사불여 튼튼이라고 농가를 이해시키려

는 노력을 계속하는 한편 내부적으로는 가축의 면역력을 높여 주는 사료 개발에 매진했다. 더불어 전국 100개 이상의 특약점에 소독약을 분사하는 고압분무기를 배치하고 유사시에 대처하는 방법을 훈련하는 등 다방면에서 대비를 철저히 하였다.

다행히도 한동안 우리나라에 구제역 피해는 없었다. 하지만 긴장의 끊을 놓기도 전인 3년 뒤 우리나라에도 구제역이 발생했다. 그러나 이미 철저한 준비를 해둔 우리는 우왕좌왕하지 않고 대처해나갔다.

새벽 2시, 소식을 전해들은 즉시 회의를 소집했고, 다음 날 직원들을 현장으로 내려보내 방역 작업에 나섰다. 다행히 구제역은 크게 확산되지 않고 진화되었다. 나는 이 모든 것이 경쟁사들이 질병 확산을 염려해 영업직원의 농장 방문을 금지시킨 것과 달리 정부가 움직이기도 전에 우리가 먼저 적극적으로 나서 초기 방역을 실시한 덕분이었다고 해도 과언이 아니라고 생각한다.

방역 작업에 나선 직원들은 얼마나 헌신적이었는지 구두가 전부 해졌을 정도였다. 소독약이 너무나 독했기 때문에 신발이 삭아버린 것이다. 하지만 우리 직원들은 정말이지 어떤 상황에도 굴하지 않았다. 영업직원과 특약점 직원들 너나 할 것 없이 모두 제 일처럼 손발을 걷어 부치고 온 마음과 힘을 다해 열심히 뛰어주었다. 얼마나 헌신적이었는지 그들의 모습을 보며 나는 참으로 감사한 마음이 들었다.

그리고 결과적으로 직원들의 이런 노력 덕분에 우리는 업계 전반에 불어닥쳤을지도 모를 위기 상황을 기회로 전환할 수 있었다. 그건 바로 위기를 통해 고객을 진정한 동반자이자 친구로 만든 것이다. 고객들은 그 누구보다 헌신적으로 함께한 우리의 모습에 감동했고, 진심을 인정해주었다. 흔한 말로 '어려울 때 곁을 지켜주는 친구가 진정한 친구'라고 하는 것처럼 이 일을 통해 각 농가, 나아가 업계 전반에 좋은 인상을 심어줄 수 있었던 것이다.

그 이후에도 몇 차례 구제역 파동이 있을 때마다 우리는 가장 빨리 농가로 달려가 방역 작업을 자청했고, 고객들의 굳건한 신뢰를 다질 수 있었다. 덕분에 구제역으로 사료업계 전체가 휘청거릴 때에도 우리는 평년보다 더욱 성장할 수 있었다.

일과 인생에서도 이런 일은 무수히 많다. 때로는 거센 풍파가 나를 휩쓸고 갈 때도 있고, 생각지도 못했던 어려움을 겪을 수도 있다. 하지만 맑은 날 미리 준비해두면 비바람이 아무리 거세도 헤쳐 나갈 수 있듯 중요한 것은 마음가짐이다. 그렇기에 나는 마쓰시타 고노스케가 평생 강조한 말을 되새기고는 한다.

"맑은 날 우산을 준비해야 한다. 그래야 비가 올 때 젖지 않고 앞으로 나아갈 수 있다."

이렇게 준비하는 마음가짐과 태도를 가지고 살아간다면 인생의 어느 순간이든 두려움 없이 자신이 해야 할 일을 해낼 수 있을 것이다.

인생은 언제나 예측 불가능한 변수가 있고, 또 그만큼 무한한 기회와 가능성이 있다고 믿는다. 언제 어디서든 당황하지 않을 수 있을 만큼의 자기 준비만이 인생의 순간순간에서 한 걸음 내딛을 수 있는 동력을 만들어줄 것이다.

고민을 멈추고 과감하게 도전하라

2010 남아공 월드컵 경기가 한창일 때 아르헨티나 축구 선수 리오넬 메시에 대한 기사를 신문에서 읽은 적이 있다. 기사 중에 눈에 띄는 이야기가 있었는데 유소년 축구선수 시절, 명문 축구구단 FC바르셀로나 코치가 메시의 플레이에 반해 당장 계약을 하고 싶어 했다는 것이다. 그러나 구단의 승인까지는 시간이 걸릴 테니 급한 마음에 식당 냅킨에 계약서를 만들어 가계약을 했다고 한다. 나는 그 기사를 보며 10여 년 전의 일이 떠올라 슬며시 웃음이 났다.

중국 쓰촨성의 청두에서 사업을 시작할 때였다. 인수할 공장을 찾아 나선 끝에 가동을 멈추고 있던 사료 공장 하나를 발견했다. 그 공장은 중국 일대에 체인점을 둔 '사자루'라는 유명한 음식점 주인의 것이었는데 사료 공장이 수익성이 있다는 말에 섣불리 뛰어들었다가 매상이 오르지 않자 가동을 중지한 상태였다. 우리에게는 더없이 좋은 조건이었다.

주인은 우리의 합작 제안에 골칫덩이를 처분하듯 선뜻 계약을 체결하자고 했다. 그런데 계약금을 지불하려는 순간 갑자기 연락이 두절된 채 종적을 감췄다. 그 사이에 마음을 바꿨던 것이다. 당시 중국은 부동산 개발 붐이 시작되면서 땅값이 하루가 다르게 오르고 있었던 때라 아마도 부동산으로 수익이 더 클 것이라고 판단한 모양이었다.

백방으로 수소문한 끝에 그가 뉴욕의 사자루 체인점에 머물고 있다는 소식을 전해 들었다. 나는 돌아볼 것 없이 그 길로 뉴욕행 비행기에 몸을 실었다. 나를 본 사장은 놀라는 기색이 역력했다. 그는 설마 내가 거기까지 찾아올 것이라고는 생각도 못했다고 했다. 나는 차분히 그를 설득했다.

"사장님이 지금 결정을 바꾸신다면 돈은 얼마간 더 버실 수 있을 겁니다. 그렇지만 퓨리나 사료라는 글로벌 기업을 쓰촨성에 유치한다면, 사장님은 세계적인 거대 기업을 들여와 지역농업발전과 경제발전에 기여한 선구자로 이름을 남기실 수 있습니다. 돈 100~200만 달러에 명예를 바꾸시겠습니까?"

그는 한동안 생각한 끝에 마음을 반쯤 돌렸다. 그렇게 밀고 당기는 협상을 하면서 마침내 마지막 조건까지 제시하고 그가 동의하자 나는 곧바로 테이블에 놓여 있던 종이 냅킨을 펼쳐 계약 조건을 적어 내려갔다. 그러고는 그에게 펜을 건넸다.

사장은 두손두발 다 들었다는 듯 껄껄 웃으며 종이냅킨에 사인을 했다. 그것이 중국 쓰촨성 퓨리나 공장의 시작이었다.

사업을 하다 보면 때로는 거대한 계획이나 치밀한 체계보다 결정적인 행동 한 번이 더 중요할 때가 많다. 큰 일이건 작은 일이건 관계없이 치밀한 계획보다 실행력이 일의 성패를 가름한다는 의미이다.

사실 주변을 살펴보면 성공한 사람들은 대개 추진력이 좋은 사람들이다. 완전한 계획이 있으면 좋겠지만 그렇지 않더라도 먼저 실행하면서 궤도를 수정해가면 된다.

더구나 아무리 해도 일을 진행하다 보면 예상치 못했던 변수가 있게 마련이다. 그러니 그때그때 상황을 정확하게 파악하고 적절하게 대처할 수 있는 능력을 갖추는 것이 더 중요하다고 생각된다. 그만큼 실행과 유연한 사고가 중요하다는 의미이다.

생각은 깊고 냉철하게 하되 행동은 재빨라야 한다. '나비처럼 날아 벌처럼 쏜다'던 권투선수 무하마드 알리처럼 말이다.

지금 무언가 이루고 싶은 것이 있다면 책상 앞에 앉아 고민하기를 멈추어라. 그리고 지금 당장 실행에 옮겨라. 퓨리나 코리아의 모기업인 랄스턴 퓨리나의 창업주 윌리암 댄포드 회장의 말을 빌려 이렇게 말하고 싶다.

"권하노니 과감히 도전하라(I Dare You)."

과감히 도전하고, 모험을 감행하는 사람만이 지금보다 더 위대해질 수 있다고 했다. 그러니 바로 지금 시작해야 한다. 진정으로 원하는 것이 있다면 과감하게 도전해보기 바란다. 운명은 성공이라는 문을 당신이 생각했던 것보다 훨씬 더 쉽게 열어줄 것이다.

1퍼센트의 가능성을 붙잡아라

아무리 어려운 일이어도 쉽게 포기하지 않기, 극한 상황에 처해도 좋은 점을 찾는 것은 사실 어려움에 대처하는 나만의 생존방식이라고 할 수 있다. 그리고 그것은 내 인생에서 가장 중요한 화두이자 일과 인생을 대하는 자세이다.

나는 가끔 '우물에 빠진 당나귀' 우화를 이야기하고는 한다. 혹시 들어본 적이 있을지도 모를 이 일화는 다음과 같다. 실수로 빈 우물에 빠진 당나귀가 살려달라고 울부짖었다. 그러나 당나귀는 너무 늙었고, 마침 우물을 메워버릴 참이었던 주인은 이웃과 함께 우물에 흙을 퍼붓기 시작했다. 머리 위로 흙이 떨어지자 당나귀는 더 크게 울부짖었다. 그렇게 한동안 울어대던 당나귀가 조용해졌을 때 사람들은 당나귀가 죽었으려니 생각하며 우물로 다가갔다. 하지만 당나귀는 언제 그랬느냐며 우물 밖으로 폴짝 뛰어올랐다. 자기 머리 위로 떨어지던 흙을 발판으로 삼아 켜켜이 쌓인 흙을 비집고 그 틈으로 올라온 것이다.

살아가면서 이런 일은 무수하게 벌어진다. 옛말에 호랑이굴에 들어가도 정신만 차리면 살 수 있다고 했다. 상황에 잡아먹히지 않고 정신을 바짝 차리면 어둠 속에서도 빛을 찾아낼 수 있다는 말일 것이다.

같은 상황을 어떻게 받아들이고 어떻게 활용하느냐에 따라 생사가 갈린다. 99퍼센트의 절망에 빠져 헤어 나오지 못할 것인가, 1퍼센트의 가능성을 보고 발버둥쳐볼 것인가. 그것은 온전히 나 자신의 선택이다.

나는 지금까지 비즈니스를 하면서 수많은 위기상황을 넘어왔다. 그때마다 새삼스레 마음가짐의 중요성을 깨달을 수 있었다. 지금 생각해도 그때 그런 선택을 했다는 것이 얼마나 다행스러운지 모를 일들이 많기 때문이다.

사회적인 큰 이슈만 들어도 앞서 말한 대로 1970년대에는 사료파동, 오일쇼크로 원료 공급에 애를 먹으며 사업 자체를 할 수 없을지도 모르는 상황에 직면하기도 했고, 가축의 공급 과잉으로 축산을 포기하는 농가가 늘면서 사료 공장도 가동을 멈출 위기에 처하기도 했다. 그 외에도 공장 이전으로 인한 구조조정, 모든 국민이 함께 마음 졸이고 허리띠를 졸라매야 했던 IMF

위기, 구제역 파동, 조류 인플루엔자, 양돈 콜레라 등 가슴을 졸여야 할 일들이 부지기수였다. 10여 년 전에는 회사가 팔려가는 상황에도 놓였었다.

하지만 매 순간 출구가 있었다. 그것은 이미 만들어져 있는 것이 아니라 어떤 상황에서든 단 1퍼센트의 가능성만 있어도 그것을 물고 늘어지는 생존 본능에 기인한 것이라고 생각한다. 그렇게 암흑천지일 때도 정신만 바짝 차리면 한줄기 빛을 찾을 수 있다는 말이다.

이런 일도 있었다. 해외 사업을 개척할 때는 상표 사용료와 기술 제공 비용인 로열티를 사업 내용에 포함시켜 진출하고자 하는 국가나 지역 또는 시정부와 협상을 한다. 이때 개발도상국의 경우 로열티에 대한 이해와 동의를 받아내는 일이 무척 어렵다. 초기 중국 사업을 개척할 때도 공장을 세울 때마다 우리는 수많은 협상과 설득의 과정을 거쳐야만 했다.

한 번은 중국 동북 삼성 중 하나인 랴오닝성의 성도인 선양에 공장을 세우기 위해 협상을 진행하고 있었다. 마지막으로 로열티에 대한 협상만 남겨두었을 때 시정부의 국장은 로열티 계약에 대해 강경하게 부정적인 입장을 보였다. 그는 이제까지의 협상을 무효로 돌리고자 했다. 우리는 기술료 지불의 필요성과 그 효과에 대해 최선을 다해 설명하고 이해를 구하였으나 결국 동의를 구하지 못해 협상은 실패로 돌아갔다.

전략적으로 중요한 지역인 선양에서 협상에 실패했지만, 우리는 거기에서 포기하지 않고, 1시간 거리에 있는 푸순 지역을 선정하여 푸순 시정부와 새로운 협상을 시작했다.

다행히 시정부는 외국인 투자 유치에 적극적이었고 협상에 성공해 지금의 푸순 공장이 설립되었다. 푸순 공장은 초기 중국 사업에서 다른 공장들이 제자리를 잡고 수익을 창출할 때까지 핵심적인 역할을 하게 되었다.

만약 선양에서의 좌절감을 딛고 일어서지 못한 채 포기했다면 오늘날의 중국 사업은 어쩌면 불가능했을지도 모른다. 다시 말해 작은 가능성에도 그 가능성에 초점을 맞추고 최선을 다한 결과가 오늘날 거대한 중국 시장에서 21개의 공장을 운영하며 2015년까지 50개 공장으로 확장할 수 있는 밑바탕이 되었다는 사실을 떠올려보면 긍정적이고 적극적인 마음가짐이 얼마나 중요한지를 새삼 느끼게 된다.

인생에서 만나는 모든 일이 그러하다. 극단적 상황에서 찾아낸 그 1퍼센트의 가능성에 집중한다면 놀라운 결과를 만들어낼 수 있다. 1퍼센트의 가능성이라는 빛을 따라가다 보면 분명 환하고 너른 출구를 만날 수 있고, 구불구불한 고갯길을 넘다 보면 반드시 탄탄대로를 만날 수 있을 것이다.

그러니 무슨 일이든 끝까지 포기하지 말자. 아무리 사소하고 작은 기회라도 그것을 내 것으로 만들겠다는 굳은 신념과 집념

만이 우리에게 밝고 건강한 미래를 선사해준다는 사실만을 기억했으면 좋겠다. 때로는 포기하고 싶은 유혹에 흔들릴 수도 있겠지만 그럴 때일수록 내가 만들어가야 할 길, 내가 만들어가야 할 미래를 생각하고 고민해본다면 반드시 방법을 찾을 수 있을 것이다.

극한의 위기는 기회의 다른 이름이다

어떠한 산업이든 수급 균형은 '몇십 퍼센트'가 부족하거나 남아서 깨지는 것이 아니라 단 '몇 퍼센트'로 인한 경우가 많다. 그런데도 조금 부족하면 왠지 많이 부족한 것 같고, 조금 남으면 굉장히 많이 넘치는 것처럼 느껴지게 마련이다. 그렇기 때문에 산업 안에서 자기 자리를 잘 고수하고, 탄탄하게 사업을 운영하고 있다면 위기란 말은 큰 위협이 되지 않는다.

오히려 위기가 오면, 다시 말해 불황이 찾아왔을 때 산업 안에서 경쟁자들이 줄어들게 마련이다. 그리하여 경기가 바닥으로 내려가지만 어느 정도만 버틸 힘이 내재되어 있다면 곧 찾아올 회복 경기에서 더 성장할 수도 있는 법이다. 경기란 워낙 오르락내리락하는 것이니 어려운 때가 있으면 반드시 좋은 때도 있다. 그러니 그 위기 상황을 어떻게 대처하느냐에 따라 기업의 운명은 희비가 교차하게 된다.

우리 회사 역시 그런 위기 상황을 거치면서 더 크게 성장할 수 있었다. 우리 회사에는 1999년도에 입사한 직원들이 많다. 1997년 닥친 IMF 위기로 온 사회가 고통을 겪은 바로 이듬해에 더 많은 인재를 뽑은 것이다.

당시는 훌륭한 인재들이 직장을 잃고 일자리를 찾아 헤매고 있을 때였고, 우리는 그만큼 좋은 인재를 채용할 수 있었다. 또 모든 기업들이 비용절감을 최고의 가치로 신봉하며 구조조정을 하여 직원들을 해고하고, 연구개발비와 인재교육에 대한 투자를 줄이던 때였지만 우리는 정반대였다. 직원을 더 뽑았고, 오히려 교육 프로그램을 만들어 사람을 키우기로 작정한 것이다.

때마침 고려대 경영대학원에서 우리에게 반가운 제안을 해오기도 했다. 제안의 요지는 경영자 과정을 개설했는데 기업들의 직원교육비가 삭감되는 바람에 지원자가 없어 프로그램 진행이 난항을 겪고 있다며 우리에게 프로그램에 참여할 의향이 없는지를 물은 것이었다.

그 전화가 얼마나 반가웠는지 모른다. 직원들과 가족들의 사기를 위해서라도 뭔가 진행하고 싶었던 차에 너무나 좋은 기회가 찾아왔다고 생각했기 때문이다. 우리는 몇 가지를 논의한 끝에 회사 내에서 '인 하우스(in-house) MBA'를 진행하기로 했다.

매주 토요일 교수님들이 우리 회사로 오셔서 수업을 하는 편의를 제공받았고, 교육비에서도 혜택을 받을 수 있었다. 당시 회사의 임직원 38명이 1년 동안 MBA 과정을 밟았다.

당시 교육을 받은 임원들은 지금 전 세계로 진출해 회사를 이끌어가는 리더로서 자기 역할을 해내고 있다. 그런데 교육을 통해 직원들의 실력이 향상되는 등의 성과도 중요하지만 그것이 전부는 아니다. 우리의 경우만 봐도 온통 어수선하던 시절 언제 자리를 잃고 퇴출 당할지 모른다는 불안감이 사회 전반에 팽배했기 때문에 비즈니스맨 누구라도 마음 편히 일할 수 있는 형편이 못 되던 때에 지원을 하니 마음에 안정감과 사명감을 심어줄 수 있었다. 직원의 가족들도 회사가 지원을 해서 교육을 받는 모습을 보면서 안심하고 감사함을 느끼지 않았겠는가? '가화만사성'이라고 가장의 그런 모습에 가족들도 더 든든한 지원군이 되어주었음은 물론이다.

회사 내의 다른 직원들도 '우리 회사는 아무리 어려워도 사람에 투자하고, 미래에 투자해주는 회사다'라는 자긍심을 갖게 되었음은 물론이다. 직원들의 실력은 높아지고, 열정은 더욱 커졌다.

이런 긍정적인 열정과 기운은 전염성이 강해 주변의 많은 사람들을 함께 움직이게 했고, 위기란 말이 무색할 정도로 성장할 수 있는 기틀을 만들어주었다.

모두가 어려움의 시기라고 말하던 그때가 우리에게는 오히려 도약의 시기가 된 것이다. 단순히 사업적인 시각으로 기회를 노렸다는 말이 아니다. 변화를 긍정적으로 바라보고 그에 맞춰 위기를 대처해냈다는 것이다.

누구에게는 극한의 위기상황이 누군가에게는 최고의 기회가 될 수 있다는 말을 기억해두자. 위기를 위기로 받아들이지 않고 스스로 성장할 수 있고, 도약할 수 있는 기회이자 실력을 닦을 수 있는 시간이라고 여긴다면 위기란 말에 현혹될 일도 없을 것이고, 심신의 안정을 도모하면서 더 나은 미래를 만들어갈 수 있을 것이다.

내가 발 딛고 있는 공간에서 최고가 되자

로버트 프로스트의 유명한 시 〈가지 않은 길〉에는 다음과 같은 구절이 있다.

노란 숲속에 길이 두 갈래로 났었습니다.
나는 두 길을 다 가지 못하는 것을 안타깝게 생각하면서
오랫동안 서서 한 길이 굽어 꺾어 내려간 데까지
바라다볼 수 있는 데까지 멀리 바라다보았습니다.

살아가면서 우리는 많은 선택의 순간을 마주하게 된다. 수없는 고민과 갈등 끝에 가장 합리적이고 최선이라고 여기는 선택을 해도, 어느 길을 택하든 언제나 가지 않은 수많은 길들이 남

게 마련이다. 흔히 말하듯 남의 떡이 더 커보인다고 하지 않는가. 대기업에 다니는 친구가 그럴 듯해 보이고, 직장생활을 하는 나보다 프리랜서로 일하는 친구가 멋져 보이기도 한다. 그래서 사람들은 진로를 놓고 많은 고민들을 한다. 그러다 보니 내 앞에 펼쳐진 길을 두고 옆길로 눈을 돌리며 아쉬워하기도 하고, 직장생활을 시작한 뒤에도 몇 차례에 걸쳐 갈림길 앞에 설 수도 있다. 그런데 그 순간의 결정이 나의 다음 미래를 결정하는 중요한 단초가 된다.

나 역시 인생에 그런 갈림길들이 많았다. 그중에서도 가장 큰 사건은 8년간 일하던 회사를 떠났던 일이다. 영업사원으로 입사한 후 8년 동안 영업과 구매업무를 하며 일을 익혔다. 그렇게 서른다섯 살이 되었을 때 인생의 중대한 결정을 내리게 되었다.

'이 회사는 내 회사다'라고 생각하며 일하던 내가 그런 결심을 하게 되었던 것은 '진짜 내 사업을 하면 어떨까?'라는 단 하나의 질문에서 시작되었다.

그렇게 나 스스로에게 묻자 새로운 길이 눈앞에 펼쳐졌다. 개인 사업은 당시 나에게는 일종의 '가보지 않은 길'이었다. 회사에서의 일도 나에게는 충분히 보람되고 성취감을 주었지만 더 늦기 전에, 가보지 않은 저 길로 가보고 싶다는 열망이 생겼다. 그래서 회사에 사표를 내고 동료 한 명과 합심하여 사료사업에 뛰어들었다.

우리는 기존에 있던 작은 사료회사를 선택해 그 회사를 키우기로 하고 경영에 나섰다. 하지만 도전은 실패로 돌아갔다. 기존 경영자의 마인드나 비전이 그때까지 내가 배우고 익혀왔던 가치관과 맞지 않았기 때문이다. 열심히 뛰며 수익은 올렸지만, 그곳의 문화는 내가 퓨리나에서 경험했던 것과는 너무나 달랐다. 일을 할수록 기쁨보다는 아쉬움이 더 커져만 갔다.

1970년대였다. 당시만 해도 국내 기업들은 걸음마 수준의 경영을 시작하던 단계였고, 체계적이거나 과학적인 경영은 요원하리만치 주먹구구식으로 수익을 내기에 바빴다. 이미 선진적인 기업문화와 풍토에 익숙해 있던 내게 그런 기업문화와 가치관은 늘 맞지 않은 옷을 입은 것처럼 불편하기만 했다. 결국 나는 1년 만에 그 회사를 떠났다.

그즈음 고맙게도 퓨리나에서 나를 다시 불러주었고, 나는 지금의 이곳으로 돌아오게 되었다. 생각해보면 그 1년은 내 인생에서 중요한 가르침을 주었다. 한 발짝 떨어져 회사를 객관적이고 새로운 시각으로 바라볼 수 있었기 때문이다.

숲에 들어가 있을 때는 나무만 보이지 숲은 볼 수 없다. 그러나 숲을 나와 몇 발짝만 걸음을 옮기면 숲이 가진 진정한 가치를 알게 된다. 그러니 누군가는 '너도 떠나 보면 알게 될거야'라고 말하는 것이 아니겠는가. 결과적으로 그 경험은 회사에 대한 애정과 신뢰를 더욱 단단하게 만들어주었고, 내가 발 딛고 서 있는 현실에서 불평불만하기보다 이 자리에서 더 열심히 할 때 좀 더 귀한 결과를 얻을 수 있다는 깨우침도 가져다주었다.

덕분에 지금까지 한눈 팔지 않고 회사생활에 전념하며 함께 일하는 직원들의 눈으로 회사를 바라보고 경영할 수 있었다. 그 때문인지 우리 회사의 근속률은 업계 최고 수준이다. 한번 들어오면 나갈 생각을 안 한다. 자리가 나는 것은 기존에 근무하던 분이 정년퇴직을 해야 가능하다는 우스갯소리가 있을 정도이다.

그들이 옮길 회사가 없어서 근속을 하는 것은 아니다. 사실 우리 회사의 인재들은 굉장히 유능하다. 자신 있게 말하건대 그 능력만큼은 업계 최고 수준이다. 그만큼 스카우트 제안도 많다. 당연히 내가 그랬듯 한 번쯤은 이직을 생각하기도 했을 것이고 '이 길이 아닌 다른 길' 에 대한 호기심, 혹은 더 큰 세상으로 뻗어나가고 싶은 욕망도 가지고 있을 것이다. 그렇지만 그들은 그 선택 앞에서 회사에 남는 것을 결정하고는 한다.

물론 여러 가지 이유와 여건으로 인해 회사를 떠나는 사람들도 있다. 하지만 그들 대부분도 "떠나고 보니, 이 회사가 참 좋은 회사였더군요"라고 말하고는 한다. 내가 그러했던 것처럼 그들도 이직한 회사에서 우리 회사에서 배우고 익힌 문화를 이식하고 키워보려고 노력해도 쉽지 않다고 토로하기도 한다.

이처럼 이 회사에 많은 인재들이 오랫동안 자기 자리를 지키며 선전할 수 있는 것은 바로 기업문화 덕분이다. 실제로 급여나 모든 면에서 조건이 훨씬 더 좋은 자리의 제안을 받아도 선뜻 떠나지 못하는 것은 우리가 지닌 문화 때문이라고 말하고는 한다. 나는 이렇게 우리가 함께 만든 문화가 주는 혜택을 우리 회사, 나아가 업계와 국가 전반으로까지 뻗어나가기를 바란다.

그것은 내가 서 있는 이곳이 최고라는 믿음이 있기 때문이고, 이곳에서 최고를 추구하는 한 더 나은 길을 만들 수 있다는 자신감이기도 하다.

멀리 보이는 저 길이 멋지고 그럴듯해 보이는가? 그래서 지금 하고 있는 일을 그만두고 다른 일을 해보고 싶은가? 그 전에 내가 만들어놓은 기반 위에서 새로운 방식을 찾는 것은 어떨까? 생판 모르는 곳에서 기초공사부터 다시 시작해야 하는 것보다 만들어진 기반, 내가 익숙하고 그래서 더 잘할 수 있는 공간에서 재도약을 해보는 것은 어떨까? 물론 때로는 떠나야 할 때도 있을 것이다.

하지만 그 전에 한 가지만 자신에게 질문해보자. "지금 이곳에서는 불가능한 일인가?" 라고 말이다.

• • •

하고자 하는 일이 있다면 내 실력이나 조건이 다소 미흡할지라도 포기하지 않고 조금씩이라도 꾸준하게 할 필요가 있다. 옛말에 '열 번 찍어 안 넘어가는 나무 없다' 라고 했다. 꾸준하면 이루지 못할 것이 없다는 말이다. 거듭하여 노력한다면 어느 순간 무시할 수 없을 정도로 큰 힘을 발휘할 수 있다.

3장

바위를 뚫는 물방울처럼

진심을 담은 꾸준함은 탁월함보다 강하다

언젠가 회사 모임에 참석한 아내에게 젊은 여직원들이 물었다.

"사모님은 회장님의 어떤 점을 보시고 결혼하게 되셨어요?"

느닷없는 질문에 쑥스러워 허허 웃고 있자니, 아내의 목소리가 들려왔다.

"사과요."

대답을 들은 직원들은 내가 무슨 큰 잘못이라도 저질러 사과를 했다는 말인가 싶어 귀를 쫑긋 세웠다. 하지만 아내가 말한 그 사과는 빨갛게 잘 익은 탐스러운 과일, 사과(apple)를 말한 것이다.

대학 시절에 만난 아내와 데이트를 할 때마다 나는 빨간 사과를 한 알씩 건넸다. 가난하던 시절이었다. 애인한테 꽃도 사주고, 근사한 레스토랑에서 양식도 사주고 싶었지만 주머니는 늘 가벼웠다. 그래도 뭔가 해주고 싶은 마음에 나는 아내를 만날 때마다 가장 예쁜 사과를 하나 골라서 가지고 나갔다. 그것이 아내의 마음을 움직인 모양이다.

아내는 몇 해 동안 한 번도 빼놓지 않고 만날 사과를 들고 나타나는 나를 보면서 '진실한 사람'이라고 생각했다는 말도 덧붙였다. 나는 멋쩍어서 얼른 한 마디를 거들며 대화를 마무리 지었다.

"가난한 학생이 미인을 얻으려면 그거라도 해야지요."

지금도 그 시절을 떠올리며 마음을 다잡는다. 진심은 언제나 사람의 마음을 움직일 수 있다는 각성이기도 하다.

진심이란 그 어떤 것과도 바꿀 수 없는 귀중한 자세다. 화려한 말솜씨를 가졌다고 해서, 탁월한 조건을 제시한다고 해서, 사람의 마음을 얻을 수 있는 것은 아니다. 물론 노력한다면 뛰어난 말솜씨로 마음을 전달해 상대를 감동시킬 수도 있을 것이다. 하지만 나는 그런 언변을 가진 사람이 아니니 진심을 다하는 것이 최선이었다.

신입사원 시절 나는 1주일간 교육을 받고 첫 발령지인 대구로 향했다. 회사에서 마련해준 셋방에 짐을 풀고 나는 제일 먼저 특약점으로 찾아갔다. 당시 회사 전체 매출의 40퍼센트를 경상북도 총특약점이 올리고 있었다. 그만큼 특약점 사장의 힘은 막강했고 회사에 대한 발언권도 상당히 컸다. 나중에 들은 이야기지만 경상북도 총특약점 사장은 지역부장 배정에 대해서도 회사 측에 까다로운 요청을 했다고 한다.

'첫째, 경상도 출신일 것'.

'둘째, 경험이 있는 사람일 것.'

하지만 나는 그가 제시한 조건에 한 가지도 들어맞지 않았다. 경상도 지리도 전혀 모르는 서울내기에 새파랗게 젊은 신입사원이었던 것이다. 내가 그의 눈에 마뜩치 않은 것은 어쩌면 당연한 일이었다.

이런 사정을 전혀 모르던 나는 발령 첫날 해맑은 얼굴로 특약점에 인사를 하러 갔다. 하지만 반갑게 맞아주리라는 기대가 무색하게 특약점 사장은 부재중이었다. 다음 날도, 또 다음 날도 찾아갔지만 사장은 자리에 없었다. 아침 일찍 찾아가도, 저녁 무렵 들러도 "안 계신다"라는 말만 듣고 발길을 돌려야만 했다. 그렇게 꼬박 2주일을 찾아갔지만 그를 만날 수가 없었다.

직감적으로 그가 나를 피하고 있다는 생각이 들었다. 하지만 그렇다고 해도 나 역시 쉽게 물러설 사람이 아니었다. 별 도리가 없지 않은가? 불평하고 타박하기보다 반드시 만날 수 있다는 마음으로 매일매일 찾아가다 보면 언젠가는 조우할 수 있을 것이라고 생각하며 하루도 거르지 않고 특약점을 찾았다.

그러던 어느 날 매일 찾아오는 내가 딱해 보였는지 사장님 댁

이 어디냐고 물어도 한사코 말을 않던 직원이 "참, 부장님도 대단하십니다"라며 사장이 운영하는 농장 위치를 조심스레 알려주는 게 아닌가?

그는 내게 저간의 사정까지 알려주었다. 몇십 리 떨어진 곳에서 큰 농장을 경영하던 사장은 새벽마다 농장에 나가 가축을 돌보고 나서 특약점에 출근한다고 했다. 그런데 내가 발령을 받은 이후부터는 매일 특약점으로 전화를 걸어 내가 있다고 하면 출근을 하지 않고 다른 데에서 시간을 보내고, 내가 없다고 하면 출근했다는 말도 덧붙였다.

다음 날 새벽 6시, 나는 부리나케 농장으로 향했다. 그곳에서 축사를 정리하고 있던 그를 드디어 만나게 되었다. 첫 만남이었다. 하지만 그는 내 인사도 받지 않고 묵묵히 하던 일만 했다.

상대의 관심을 끌 만한 능수능란한 말주변도 없고, 사회생활 경험도 없는 햇병아리였던 나로서는 어찌해야 좋을지 몰라 난감하기만 했다. 내가 할 수 있는 것이라고는 농장 일을 거드는 것뿐이었다. 진심을 다해 정성을 기울이며 그렇게 매일 새벽 6시에 농장으로 출근해 일을 도왔다. 하지만 그는 꿈쩍도 하지 않았다. 나 역시 욕심 부리지 않고 그저 묵묵히 일만 하다가 돌아왔다. 그렇게 일주일쯤 지났을 때 그가 처음으로 말을 건넸다.

"아침이나 하지."

그 말을 듣는 순간 나는 잠시 어안이 벙벙했지만 이내 모든 것을 다 얻은 양 기뻤다. 그리고 그날 이후 그분은 나를 자신의 사업 파트너로 인정하고 받아들이셨다.

그렇게 혹독하게 신고식을 치르고 지역부장 생활을 시작한 뒤에도 문전박대를 당한 경험은 무수하다. 영업사원이라면 누구나 겪는 일이니 엄살 부릴 일도 아니지만 그때만 해도 농장에서 사료를 사용하는 곳이 거의 없던 시절이기에 농가의 인식을 바꾸는 데는 생각보다 더 오랜 시간이 걸렸다.

언제나처럼 나는 마음을 다해 사람들을 만났다. 그저 우리 사료를 팔겠다는 마음보다 가축에게 좋은 사료를 먹이면 농장에 훨씬 이득이 된다는 것을 전하려고 노력했다. 그래서 내가 농장 주인이라는 마음으로 진심을 다해 가축들을 살피고 돌보았다. 그런 노력은 헛되지 않아서 문을 쾅 닫아걸던 농장주들도 시간이 지나면 서서히 마음을 열어주었다. 때로는 형님처럼, 때로는 아버지처럼 가방 가득 과일을 싸주기도 하고 술잔을 권하기도 하면서 나를 반겨주었던 것이다.

이런 경험을 통해 내가 깨달은 것은 딱 한 가지이다. 재능은 누구에게나 똑같이 주어지지 않지만 특별하거나 탁월한 재능이 없어도, 말을 잘하지 않아도, 내세울 만한 솜씨가 없어도 진심을 다해 꾸준히 해나간다면 반드시 원하는 것을 얻을 수 있다는 것이다.

진심은 탁월함을 뛰어넘는 강한 힘을 가지고 있다. 진심을 담아 한결같이 노력한다면 어느 순간 바라는 결과가 내 옆에 다가와 있을 것이다. 나는 내가 가진 것에서 할 수 있는 최선을 다하고 마음을 전부 담은 노력으로 가족을 얻었고, 평생 직장을 얻었다.

누구나 마찬가지일 것이다. 한술 밥에 배부를 수 없다는 말처럼 모든 일에서 가장 중요한 것은 꾸준하게 최선을 다하는 것이라고 생각한다. 내가 가지지 못한 재능을 아쉬워하기보다 내가 가진 것을 오롯이 다 끄집어내 가고자 하는 길을 만들어간다면 이루지 못할 일은 없다. 마음을 다하고 시간을 기다리는 자세가 삶에서 큰 힘이 되어줄 것이다.

내 일과 인생의 행복한 주인으로 살아가기

성공한 사람들이나 기업의 구성원들을 살펴보면 굳이 설명하지 않아도 자기 일을 정말로 즐기고 사랑한다는 것을 알 수 있다. 나는 우리 회사의 직원들이 모두 그런 자세로 일했기 때문에 지금의 회사, 그리고 내가 있다고 생각한다.

한번은 이런 일이 있었다. 유럽에서 회의를 마치고 미국 본사 경영진들과 암스테르담에서 미국으로 가는 비행기에 함께 탑승하게 되었다. 그런데 본사 임원 중 한 사람이 이륙할 시간이 다 됐는데도 보이지 않았다. 우리는 모두 그가 비행기를 놓친 게 틀림없다고 생각했다.

카길 본사가 있는 미니애폴리스 공항에 내려 짐을 찾을 때, 비행기를 놓친 줄로만 알았던 그를 만났다. 사정은 이러했다.

그는 다음 날이 주말이어서 어차피 푹 쉴 수 있으니 굳이 비싼 비즈니스클래스를 탈 필요가 없다고 생각하고는 이코노미클래스에 탔다는 것이다. 8시간이 넘는 장거리 비행이니 임원진은 비즈니스클래스를 타고 움직이는 것이 보통이었는데도 말이다. 모든 것이 내가 속한 회사의 이익이 곧 나의 이익이라는 생각, 다시 말해 주인의식에서 비롯된 행동이었을 것이다. 나 역시 스스로 이코노미클래스를 선택했던 그에게 더 많은 자극을 받았음은 물론이다.

회사가 시켜서도 아니고, 불편함을 감수하면서도 회사 입장에서 생각하고 행동한다는 것은 분명 쉬운 일이 아니다. 그러나 그런 마음가짐을 가진다면 실보다 득이 더 많다고 생각한다. 그렇게 되면 무엇보다도 내가 즐거울 수 있다. 주인이 되면 어떤 일을 해도 즐겁다. 일이 돈벌이를 위한 것이 아니라 인생의 중요한 일부분이 되기 때문이다. 이렇게 나 스스로 자긍심을 가질 수 있고, 더 열심히 일하며 행복해질 수 있는 기회를 만들어준다.

물론 일방적으로 직원들의 희생을 강요하는 것은 안 된다. 그런 방법으로는 주인정신이 생기지 않는다. 서로를 믿고 배려할 때 비로소 진정한 주인정신을 가질 수 있다.

나는 한국 팀이 좋은 성과를 낼 수 있는 것도 단단한 신뢰와 주인정신 덕분이라고 생각한다.

우리 공장의 직원들은 주말도 반납하고 근무할 때가 많다. 농장에서 대량으로 주문을 하면 생산이 밀릴 수도 있고, 갑자기 가축 질병이 돌기라도 하면 그에 대처할 수 있는 성분의 사료를 주문하는 경우 등 예상치 못한 상황이 자주 발생하기 때문이다. 그런데 이렇게 주문이 많아서 주말에 일을 해야 할 때도 직원들은 불평을 하기보다 장사가 잘된다며 기뻐한다. '내 회사'라는 주인정신이 있기 때문이다.

반대로 주문이 줄면 여유가 생겨 일이 한결 편할 텐데도 현장 직원들은 오히려 걱정한다. '왜 이렇게 사료가 안 나가지?' '경쟁사한테 뺏겼나?'라고 염려하며 더 나은 제품을 생산하기 위해 노력하고 연구한다. 내 회사, 내 일이라는 마음이 모든 이들을 주인으로 만들었기 때문이다.

공장의 직원들도 품질검사가 무색할 정도로 제품생산에 완벽을 기하려고 노력한다. 내가 '주인'이니 권한과 책임을 가지고 자신이 만들어내는 제품에 더 심혈을 기울인다는 의미이다.

그렇기 때문에 우리 회사의 전 직원이 오너다. 영업팀은 영업팀대로, 재정 팀은 재정 팀대로, 구매 팀은 구매 팀대로, 공장은 공장대로 각각의 분야에서 직원 한 명 한 명이 사장이다. 나는 결국 그 마음이 모여 이 회사를 40년간 업계 1위로 끌어왔다고 믿는다.

회사 자랑을 한 가지 더 하자면 우리 회사는 노사분쟁이 없는 기업으로도 유명하다. 1989년 노사 양측이 합의한 사항이 20년이 지난 지금도 어김없이 잘 지켜지고 있기 때문이다. 당시는 한창 노사분쟁이 심각하던 시절이었다. 하지만 우리는 서로 목소리를 높이는 대신 신뢰를 가지고 오랜 시간 의견을 나눈 끝에 세 가지의 합의안을 만들었다.

첫째는 회사가 종잣돈을 대고 직원들이 매달 조금씩 적금을 부어 운영하는 새마을금고를 만드는 것이었다. 이를 통해 얻은 수익은 당연히 직원들에게 돌아갔다.

둘째로 노사가 서로 협의하는 협의체를 만들어 운영하는 것이다. 지금도 우리는 1년에 두 차례 봄과 가을에 임금협상은 물론 생산성 향상을 위해 논의하는 회의를 하고 있다. 노사협의회에서 생산성에 관해 논의한다는 것이 믿기 어렵다는 사람들도 있지만 우리는 어느 한쪽 편에서만 이익을 취하려고 하거나 자신의 것만 주장하고 강조하는 것이 아니라 서로를 배려하고 함께 나아가기 위해 노력한다.

세 번째 약속은 이 노사협의회 회의를 하루 이상 하지 않는 것이다. 임금 인상률 1~2퍼센트 때문에 얼굴을 붉히고 지난한 논의를 하는 대신 모두에게 더 좋은 방향은 반드시 있다는 믿음으로 이를 찾아가기 위해 노력하자는 것이다.

이 모든 게 자신이 이 회사를 이끌어가는 주인이라고 생각하는 주인정신에서 나온다. 경영자도 근로자도 모두가 주인이 되어, 내가 몸담고 있는 이 회사를 바르게 키우는 데 마음을 모으니 서로 어긋날 일이 없다. 각자가 반대편에서 마주보며 대치하는 것이 아니라, 같은 방향을 바라보며 나아가는 것이다. 그렇기 때문에 서로 보폭을 맞추기 위해 노력하고 오히려 누군가 뒤처지거나 넘어지지 않을까 항상 살피게 된다.

이런 마음가짐은 비단 회사의 일뿐 아니라 어떤 상황에서도 도움이 될 것이라고 생각한다. 사실 누가 시켜서 하는 일이 즐거울 수 없는 것은 너무나 당연하다. 주인정신을 가지고 일한다는 것은 나 자신에게 행복과 보람을 느끼게 해주는 중요한 요소가 되어준다. 그러니 진정한 주인정신이란 단순히 '내가 회사의 주인이다'라는 개념에 그치는 것이 아니라 자기 일의 주인이 되고, 인생의 주인이 되는 것이 아닐까 한다.

내가 주인이 되면 아무리 사소한 일이라도 더욱 최선을 다해 할 수 있고, 아무리 모두가 고개를 가로젓는 힘겨운 상황에서도 어떻게든 길을 찾아낼 수 있을 것이다.

주인으로 살 것인지 하인으로 살 것인지를 결정하는 것은 그 누구도 아닌 바로 나 자신이다. 자신이 어떤 선택을 하느냐에 따라 일과 인생 모두의 질이 달라질 것이다. 주인이라고 생각하면 주인의 기쁨을 누릴 것이고, 하인이라고 생각하면 하인의 고달픔만 느낄 것이다.

뿐만 아니라 현재 리더의 위치에 있다면 자신뿐 아니라 조직의 구성원들이 스스로 일과 인생의 주인으로 살아갈 수 있도록 도와주는 것에도 힘써야 한다. 그렇게 진심을 다해 한 사람 한 사람을 회사의 주인으로 대접한다면 구성원들 스스로가 주인이 되어줄 것이다.

나는 서로 조금씩만 노력하면 모두가 자기 인생, 일, 회사의 주인으로 살아갈 수 있다고 생각한다. 그리고 주인으로 사는 것보다 더 큰 기쁨은 없을 것이라고 생각한다. 그러니 누구나 인생의 어느 순간, 어느 장소에서건 진정 행복한 주인이 되었으면 좋겠다.

설득은 말이 아닌 의지로 이루어진다

아이들이 어렸을 때 나는 자식들의 마음을 살 만큼 함께 많은 시간을 보내지 못했고, 대화를 많이 나누지도 못했다. 하지만 나름대로의 방식으로 아이들을 키웠다. 고맙게도 아이들은 큰 탈 없이 잘 자라주었고, 자신들의 생각과 의지를 가지고 하고자 하는 일을 찾아나설 줄 알게 되었다.

한 번은 딸아이가 신문배달 아르바이트를 하겠다고 나섰던 적이 있다. 사회의 구석구석을 알아가고 경험하고 싶어 하던 딸애는 이런저런 다양한 아르바이트와 사회활동을 해왔다. 그런 아이가 새로운 일을 하겠다고 나서는 것이니 말릴 이유는 없었다. 하지만 아버지의 입장에서는 깜깜한 새벽 거리를 활보해야 하는 일을 선뜻 하라고 할 수는 없었다. 나는 조심스레 내

의견과 왜 걱정하는지를 아이에게 말해주었다. 그러나 아이의 의지는 어느 때보다 확고했고, 그 뜻을 꺾을 수 없었다.

나는 아이를 권위로 설득하지 않고 우선은 아이가 하겠다는 대로 수긍하고 물러섰다. 그리고 새벽 신문 배달을 시작한 첫날, 아이가 집을 나서는 소리에 나 역시 서둘러 점퍼를 입고 집을 나섰다. 어두운 새벽길에 자전거를 타고 가는 아이의 뒤를 따라 자동차를 살살 몰아 뒤를 좇아갔다. 아이는 기가 막힌지 웃음을 터뜨렸다. 그러고는 열심히 자기 할 일을 했다. 나는 방해도 하지 않고, 일을 그만두라는 말도 하지 않고 그저 조심스럽게 뒤를 따랐을 뿐이다.

그 일이 한 달간 계속됐다. 아이가 한 달치 월급을 받아오던 날 아내가 말했다.

"얘! 너 그 월급 아빠랑 둘이 나눠야 되는 거 아니니?"

딸아이는 결국 한 달이라는 짧은 경험으로 만족하고 신문배달을 그만뒀다. 아버지가 회사에 가서 졸기라도 할까봐 걱정이 되었던 모양이다.

이렇게 지난 이야기를 하는 것은 싸우지 않고 상대를 설득할 수 있는 방법은 얼마든지 있다는 것을 말하고 싶어서이다. 언성을 높이지 않고 웃으며 의견을 나누고 합의할 수 있다면 더 없이 좋은 일이 아닌가. 더구나 자신의 의견만 관철시키기 위해 고집스럽게 목소리를 높이는 것보다 때로는 소리 없이 조용히 실천으로 자기 의지를 보여주는 것이 더 강한 힘을 발휘한다. 이는 가족이나 친구들과의 관계에서도, 나아가 비즈니스 세계에서도 유효한 법칙이다.

실제로 회사생활을 하면서 나는 이런 경험을 여러 번 해보았다. 사실 경영이란 끊임없는 조율과 설득의 과정이라고 해도 과언이 아니다. 개인과 개인, 부서와 부서, 기업과 기업이 서로 함께 일하다 보면 수시때때로 의견이 대립할 수 있고, 서로의 이해관계가 달라 목소리가 높아질 때도 있기 마련이다. 그런 때 경영자는 누구에게나 득이 될 수 있도록 최적의 결과를 도출하고 하모니를 이룰 수 있도록 조율하고 설득해야 한다. 그렇게 해야만 분란이 생기는 것을 막을 수 있고, 함께 한 걸음 더 나아갈 수 있다. 그러니 조율과 설득이 경영자의 중요한 역할 중 하나라는 것이다.

내 경우에는 우리 회사가 외국계 기업이라는 특성이 있기에 미국 본사를 이해시키고 설득해 각 지역의 사업을 추진할 수 있도록 하는 것이 중요한 임무였다. 게다가 재임 중에 퓨리나가 카길과 합병되었기에 두 기업의 문화를 조율하여 함께가도록 해야 하는 과제도 풀어야 했다.

서로 다른 두 기업이 하나가 되었으니 당연히 어느 한쪽에서 양보해야 할 일도 생기고, 또 하나의 조직으로 융화되기 위해 서로를 이해하는 일이 필요했다.

예를 들면 퓨리나와 카길의 문화 사이에 가장 큰 차이가 있었던 '기술 개발' 부문에 대해 이해를 구하고 이를 새로운 문화로 적용하기 위해 노력한 일을 들 수 있다. 퓨리나는 본사에서 개발된 사료를 제조법에 따라 국내에서 생산만 하는 형태로 일하지 않았다. 각 국가마다 시장별로 특성이 다르기 때문에 그 시장에 맞는 제품을 만드는 역할을 국내에서 실행한 것이다. 아무리 미국에서 검증된 사료라고 해도 우리 시장에 적용할 수 있는지 테스트하고, 우리 상황에 맞게 바꿔서 시장에 내보냈다. 그만큼 연구개발 부서가 강화되어 있었다.

하지만 카길에서는 그런 방식을 이해하지 못했다. 이미 최고의 기술을 도입해 제조하고, 전문가가 검증한 것을 또다시 검증하는 절차가 필요하냐는 것이었다. 뜻을 전혀 이해할 수 없는 상황은 아니었다.

하지만 그대로 수긍하고 받아들이기에는 그동안 시장에서 쌓아온 신뢰에 금이 갈 수도 있다는 생각이 들었다. 나는 그냥 지켜보고만 있을 수는 없었기에 각 시장에 맞게 현지에서 연구개발을 해야 하는 필요성과 중요성에 대해 꾸준히 설득했다. 물론 쉽게 받아들여지지는 않았다. 하지만 그럴수록 본사의 입장을 더욱 존중하면서 상황을 이해시키기 위해 노력했다.

예를 들어 현지에서 연구개발을 함으로써 얻을 수 있는 이점을 소개했는데 하나는 원가절감이었고, 또 다른 하나는 소비자의 기호나 취향 등 그들이 필요로 하는 부분을 적용할 수 있어서 더 큰 신뢰를 얻을 수 있다는 것이었다.

단기적으로 보면 비용이 드는 일이니 조금 손실이 있을 수 있겠지만 장기적인 관점에서 보면 회사에 훨씬 더 큰 득이 될 수 있다고 설득했다. 토양, 기후, 자연환경 등을 고려해 한국만의 독특한 육종인 한우에 적합한 사료를 만들어야 하고, 그럴수록 우리 사료의 우수성을 인정받을 수 있을 것이라는 점을 설득한 것이다.

덧붙여 어느 지역이든 그곳의 지역성을 고려해 섬세하게 적용해야 할 기술이 있게 마련이라는 점도 강조했다. 이런 노력 끝에 결국 본사에서는 현지 연구개발의 필요성을 인식하고 적극적으로 지원하게 되었다.

설득의 과정은 때로 지난하다. 시간도 오래 걸리고 똑같은 사안에 대해 반복해서 설명해야 하고, 끊임없이 상대의 입장에서 생각하며 접점을 찾아야 한다. 무엇보다 의지와 확신, 배려, 공감이 중요하다. 여기에 더해 한 가지 중요한 요소가 있다. 이해를 구하기 위해서는 상호 간의 신뢰가 기반이 되어야 한다는 것이다.

상대로부터 무언가를 얻으려고 한다면 말을 내세우기 전에 내가 그만한 사람이라는 것을, 그 일을 해낼 수 있는 저력이 있다는 것을 보여줘야 할 때도 있다. 그런 기나긴 과정을 거쳐야만 비로소 자신의 뜻을 상대가 이해하고 받아들여줄 수 있는 것이다.

또 한 가지 기억해야 할 것이 있다. 설득을 할 때 언제나 목표가 뚜렷하고 명분이 분명하다면 그 과정에 아무리 어려움이 있어도 반드시 통한다는 믿음을 가지는 것이다. 몇 번 시도해보다가 안 되면 제 풀에 지쳐서 포기해버리는 사람들이 있다. 하지만 대의에 어긋남 없이 올바른 일이라면 단지 시간의 문제일 뿐 반드시 이루어낼 수 있다는 믿음을 가져야만 한다.

그렇게 했을 때 우리는 그 어떤 어려움이 있어도 장애물을 넘어 상대의 마음을 움직일 수 있을 것이며, 서로에게 가장 좋은 것, 혹은 원하는 것을 얻을 수 있을 것이다.

부드러운 물방울이 단단한 돌을 뚫는다

우리 직원들은 나를 두고 농담처럼 '물방울'이라고 부른다. 한 방울 한 방울 한 점으로 떨어져 단단한 바위를 뚫는 물방울 같다는 의미란다. 다소 과분한 평가이지만 생각해보면 내 성격은 격정적인 파도나 단숨에 흘러가는 거세고 큰 물줄기라기보다 줄기차게 조금씩 흐르는 물방울에 더 가까운 것 같기는 하다.

나는 특별한 재주가 없다. 성실하고 꾸준하게, 그리고 끈질기게 다가서는 것이 유일한 재주라면 재주일 것이다. 그렇기 때문에 그 어떤 일이든 단숨에 성과를 내겠다는 욕심을 가지지 않는다. 하루 이틀에 안 되면 일주일이고 한 달이고 파다 보면 반드시 답이 나올 것이고, 큰 일이라면 1년, 2년, 3년, 혹은 그 이상이 걸려도 반드시 이루어낼 수 있다 믿고 포기하지 않는다.

지난 겨울, 이렇게 한 걸음 한 걸음 걸어온 시간에 대해 기분 좋은 보상을 받았다. 우리 회사가 평택 당진항 양곡부두 배후부지에 공장을 짓는 투자협약(MOU)을 충청남도 당진군과 체결한 것이다.

2013년까지 세계에서 가장 규모가 크고 현대화된 배합사료 공장을 짓는 큰 프로젝트인 만큼 협약 체결까지 참 다사다난했다. 이 프로젝트를 성사시키기까지 경영이 독립되어 있는 두 사업체 사이의 팽팽한 입장을 조율해가는 과정도 필요했고, 본사로부터 대규모 투자에 대한 승인 절차도 필요했다. 무척이나 길고도 험난한 과정이었다. 하지만 포기하지 않고 설득하다가 막히면, 상대의 입장에서 다시 생각해보고 접근 방법을 달리해보기도 하고, 다시 설득하고 서로의 입장을 조율하고 맞춰가는 일을 끊임없이 진행했다.

낮은 자세로, 하지만 반드시 이룰 수 있다는 확고한 의지로 이해 당사자들을 찾아다니며 문을 두드렸다. 그리고 오랜 시간을 투자한 끝에 모두가 만족할 만한 결과를 얻어낼 수 있었다.

누구도 예측하지 못했던, 하지만 원하는 결과를 얻었을 때의 그 기쁨이란 이루 말로 형용할 수 없을 정도로 벅차고 감동적이었다. 쉽게 얻은 결과였다면 아마도 그때처럼 크게 기뻐하지 않았을지도 모른다.

이런 일도 있었다. 부산에 있던 제2공장 주변에 개발이 본격

화되면서 공장이 아파트에 둘러싸이게 되었다. 어쩔 수 없이 공장을 이전해야만 하는 상황이었다. 1996년, 우리는 본사를 설득해 투자승인을 받았고, 마침내 김해에 새 공장을 짓게 되었다. 그런데 불행히도 공장 건설 공사가 반쯤 진행되었을 때 IMF가 터졌다.

모든 공사가 중단되었고 대부분의 기업들이 심각한 재정위기에 봉착했다. 본사에서는 김해 공장 건설을 중단하는 것이 회사의 손실을 최소화하는 길이라고 판단하고는 공사를 중단하라는 의견을 보내왔다.

그 즉시 나는 본사 경영진들이 모여 회의를 하는 스페인 바르셀로나로 날아가 한국 시장의 잠재력과 한국 팀의 비전과 열정, 핵심역량 그리고 고객으로부터의 신뢰에 대해 간곡히 설명하고 경영진들의 지원을 요청했다. 하지만 모두들 뜻은 알겠으나 쉽지 않은 일이라는 반응을 보였다. 나는 물러서지 않고 오히려 이러한 위기가 한국에 투자하여 좋은 결과를 거둘 수 있는 절호의 기회임을 강조하였다. 그렇게 설명과 설득을 거듭하고 거듭했다. 본사 경영진들은 진지하게 한국 지원과 투자 여부를 검토하게 되었고, 드디어 김해 공장의 건설 추진은 물론 추가 투자를 승인하여 IMF 기간 동안에도 지속적으로 성장할 수 있는 기반을 마련할 수 있었다.

하고자 하는 일이 있다면 내 실력이나 조건이 다소 미흡할지라도 포기하지 않고 조금씩이라도 꾸준하게 할 필요가 있다. 옛말에 '열 번 찍어 안 넘어가는 나무 없다'라고 했다. 꾸준하면 이루지 못할 것이 없다는 말이다. 거듭하여 노력한다면 어느 순간 무시할 수 없을 정도로 큰 힘을 발휘할 수 있다.

나는 이것이 자연의 이치를 거스르지 않는 순리라고 생각한다. 미미한 한 줄기 물방울이 바위를 뚫기까지 어쩌면 수천 년의 시간이 필요할지도 모른다. 하지만 누가 보든 보지 않든 계속하여 한 방울 한 방울 한 점을 향해 떨어지다 보니 어느 순간 바위가 뚫어지는 것이 아닌가. 그렇기에 나는 바위를 뚫는 물방울이란 바로 한결같은 마음으로 지치지 않고 행동하는 힘이라고 생각한다.

우리에게 필요한 것은 단 하나, 어떤 상황에서도 흔들리지 않는 의지와 해낼 수 있다는 믿음, 때로는 무모해 보일 정도의 용기이다. 모두가 '안 될 거야'라며 손가락질해도 흔들리지 않고 신념을 가지고 앞으로 나아간다면 아무리 어려운 일이라도 반드시 이루어낼 수 있을 것이다.

사람들은 가끔 내가 가지지 못한 것을 아쉬워하고 그것을 핑계로 하지 못할 이유를 찾는 경우가 있다. 그런데 그렇게 하다 보면 정작 내가 할 수 있는 일인데도 기회를 놓치게 된다. 지금부터라도 내가 가지지 못한 것을 아쉬워하기보다 꾸준히 행한다면 어떨까?

결과가 어떻게 될지는 아무도 모르지만 시도조차 하지 않으면 아무 일도 일어나지 않는다. 해보지 않으면 아무것도 이룰 수도, 얻을 수도 없다.

가끔 수천 년의 세월 동안 갈고 닦인 기암절벽, 동굴 속 종유석을 보면서 생각한다. 눈으로 보고도 믿을 수 없을 만큼 경이로운 자연의 섭리처럼 우리가 살아가는 동안 반드시 해낼 수 있다는 믿음을 가지고 무언가 항상 꾸준하게만 한다면 이루지 못할 것이 없다는 사실이다. 나는 사람들이 이런 마음으로 세상을 살아갔으면 하는 바람을 가져본다.

끝없는 연습이 자신감을 만든다

"회장님, 영어 실력이 점점 느시는 것 같아요. 비결이 뭐예요?"

오랫동안 나를 지켜봐온 우리 직원들이 종종 묻는 말이다. 나는 원래 영어를 잘하지 못했다.

그러나 지금은 미국 본사 임직원과 수많은 회의와 프레젠테이션을 무리 없이 진행하고 있다. 물론 외국 기업에서 일하며 경험으로 숙련된 부분도 적지 않다. 회사에서 일한 지 벌써 40년 가까이 되었으니 그동안 얼마나 많은 프레젠테이션과 회의를 영어로 진행해왔겠는가. 어쩌면 영어 실력이 늘지 않는 게 더 이상한 일인지도 모른다.

그런데 실상을 고백하자면 내 영어 실력의 진정한 비결은 연습, 또 연습이다. 연습 덕에 지금의 영어 실력을 가지게 되었다.

그야말로 끊임없는 연습의 시간이었다.

반복해서 연습하면 자료를 보지 않아도 모든 것이 머릿속에 선명하게 담기고 자연스럽게 자신감도 생긴다. 나 자신에게 '내가 이만큼 충분히 준비했으니 이젠 됐다'라는 마음이 솟구쳐서 잘할 수 있다는 확신이 생기는 것은 물론이다.

국제회의에서의 프레젠테이션은 긴장감을 주는 동시에 기쁨을 느끼게 해주는 경험이었다. 모국어가 아닌 영어로 제한된 시간 내에 효과적으로 주제를 전달하기 위해서는 내용은 물론 표정과 제스처, 그리고 목소리에 이르기까지 세심한 준비와 시간 배분을 필요로 한다.

내성적인 성격에, 목소리도 작고 약간 고음이었던 나는 철저한 사전준비와 연습으로 부족함을 극복하고자 노력했다. 밝은 표정을 지어 긍정적인 분위기를 전하고자 거울을 보며 표정연습을 했고, 청중들에게 따뜻함과 진지한 마음으로 주제를 전달하여 회의를 성공적으로 마무리할 수 있도록 최선을 다했다. 노력 끝에 회의에서 좋은 결과를 얻거나 참석자들로부터 인상적이었다는 이야기를 들을 때의 기쁨과 성취감은 이루 말할 수 없었다.

나는 40년의 경력을 가진 지금도 프레젠테이션을 할 때마다 수없이 리허설을 해본다. 영어로 진행되는 프레젠테이션뿐만 아니라 어떤 프레젠테이션이든 마찬가지이다.

이런 경험을 통해 나는 자신감이란 준비된 사람에게 주어지는 귀중한 재능이라고 생각하게 되었다. 자신감을 가진 사람과 그렇지 않은 사람의 차이는 말로 설명하지 않아도 잘 알 것이다. 자신감에 넘치면 단상에 올랐을 때 두근거리지도 않고 청중들 한 사람 한 사람이 눈에 들어온다. 언어의 문제쯤은 아무것도 아닌 게 된다.

아무리 영어를 잘한다고 해도 영어는 어쨌든 외국어이다. 그러니 당연히 네이티브 스피커처럼 완벽할 수 없다. 하지만 자신감은 그마저도 극복할 수 있게 해준다. 왜냐하면 연습을 통해 내가 말해야 할 바, 설득하고 싶은 것, 추구하는 것을 분명하게 정리했고, 이를 좀 더 효율적으로 전달하기 위한 준비가 되어 있기 때문이다. 결과적으로 내가 전하고자 하는 메시지가 청중들에게 뚜렷하게 전달되고, 또 자연스레 좋은 결과가 뒤따르게 마련이다.

사실 어떤 일에 승부수를 던질 때는 자신감이 중요하다. 오죽하면 권투선수들이 링 위에 올라서자마자 상대를 제압하기 위해 기싸움부터 벌이겠는가. 신기한 것은 기싸움에서 눌린 선수들은 대개 승리하지 못하는 경우가 많다는 사실이다. 그리고 그 기싸움에서 상대를 제압하는 힘은 결국 자신감이라고 할 수 있다. 나 스스로 충분히 준비가 되어 있을 때 말로 하지 않아도 눈빛 하나에서, 몸놀림 하나에서, 나를 구성하는 모든 것에서 자신감이라는 기운이 뻗어 나온다는 말이다.

운동경기뿐 아니라 비즈니스 현장에서도 마찬가지이다. 협상을 할 때나 비즈니스 상담을 할 때에도 충분히 준비가 되어 있어야 자신감이 생기고, 힘이 솟는다. 그리고 이는 성공적인 거래로 이어진다.

리더로서 조직을 이끌 때도 그렇다. 확신이 있는 리더가 전하는 가치는 조직원들에게 한층 더 효과적으로 전달된다. 어디 그뿐일까. 학창시절을 떠올려보면 시험은 늘 긴장되는 일이지만 철저히 준비했을 때는 그만큼 자신감도 생기고 조금이나마 안정감을 가지고 시험에 임할 수 있었을 것이다. 준비가 철저하면 발표시간에 교수님의 매서운 질문이 날아와도 긴장하지 않고 대응할 수 있었을 것이다.

그래서 우리는 매 순간 연습하고, 연습해야 한다. 경력이 많든 적든, 연륜이 있든 없든 언제나 연습해야 한다. 나는 가끔 직원들에게 신입사원 시절을 떠올려보라고 말한다. 보고서 한 장을 쓰기 위해 얼마나 많이 고민했으며, 기획안을 만들어내기 위해 우리는 또 얼마나 많은 준비와 연습을 했는지 말이다. 이렇듯 인생은 계속되는 연습이다. 그리고 연습, 연습, 연습, 또 연습했을 때 더 단단해지고, 깊어지고, 능수능란해지는 법이다.

무엇보다 연습을 통해 우리가 얻을 수 있는 가장 큰 성과는 바로 신념과 확신이라고 생각한다. 이 신념과 확신은 일의 성패를 가늠하는 아주 중요한 요소이다. 예전에 랄스턴 퓨리나 시절, 매년 한 차례씩 로키산맥에 위치한 회사 소유의 스키 리조트에서 열리던 회의 때 이런 이야기를 들은 적이 있다. 10년 동안 미국 올림픽대표 선수단의 주치의로 일했던 분의 강연이었는데 그의 말이 참으로 인상적이었다.

그는 수많은 메달리스트들을 봐왔지만, 금메달리스트와 은메달리스트 사이에 실력 차이는 거의 없었다고 말했다. 그들 사이에 차이점이 있다면 신념과 확신뿐이라고 했다. 그러면서 그 신념과 확신은 우리 머릿속에 있는 'C-Zone'에서 주관한다고 가정했다.

C-Zone은 그가 명명한 것인데 Confidence(자신감), Control(조절), Commitment(헌신)의 머리글자를 따서 이름 붙인 것이다. 이는 스스로 헌신하면 그 상황을 조절할 수 있는 자신감을 갖게 된다는 의미였다. 헌신이란 결국 전념하고 노력하는 연습이 아닌가?

어느 골프선수는 '연습을 많이 할수록 운이 좋아진다'라고 말했다. 그렇다. 누구나 바라는 행운조차 준비된 사람, 끊임없이 자기 발전을 위해 연습하고 노력하는 사람에게 주어지는 것이다.

이렇게 연습을 하면서 생긴 자신감은 우리로 하여금 어떤 결과에도 만족하고 더 나은 내일을 꿈꿀 수 있게 해준다. 스스로에게 당당할 만큼, 스스로를 대견하게 여길 수 있을 만큼 연습하고 노력했을 때 비로소 누구도 꺾을 수 없는 자신감이 생기고, 그렇게 자신감으로 충만한 사람에게는 행운이 함께한다. 그것이 바로 C-Zone의 비밀이다.

긍정의 힘이 새로운 길을 열어준다

카길의 경영진들은 전 세계 어느 지역의 지사에 가더라도 반드시 '타운홀 미팅'이라는 것을 한다. 이는 일종의 '경영자와의 대화'라고 볼 수 있는데, 현지의 모든 직원과 본사 경영진들이 한자리에 앉아 대화를 나누는 것이다. 이 자리에서는 직원들이 스스럼없이 궁금한 것들을 질문하고, 경영진들도 진솔하게 답하고 대화를 나누는데 때로는 개인적인 질문도 받는다. 나는 그때마다 솔직하게 내 생각과 내가 대변하는 회사의 입장에 대해 답한다. 물론 내 말 한 마디가 직원들에게 어떤 영향을 미칠지 신중하게 생각해보는 것은 당연하다.

얼마 전 중국 난징 공장에 갔을 때였다. 공장을 방문한 후 타운홀 미팅까지 끝내고 나서 키 매니저들과 함께 저녁식사를 했다. 그때 한 젊은 직원이 느닷없이 내게 질문을 던졌다.

"언젠가 회장님이 '어느 시장이든 사양산업은 없다. 다시 말해 성장이 멈춘 성숙된 산업이란 없다. 단지 성장할 수 없다는 부정적인 마음을 가진 매니저만 있을 뿐이다. 그러니 여러분 마음이 중요한 것이다' 라고 하셨는데 어떤 배경에서 그런 말씀을 하셨는지 설명 좀 해주시겠습니까?"

사실 이 이야기는 영국의 비즈니스 스쿨에서 강의를 들으며 알게 된 내용이다. 어느 산업이든 산업이 태동하고 성장하고 쇠퇴하는 단계가 있지만 사업은 전체 산업구조에서 영향을 받기보다 리더의 마음가짐에 영향을 받는다는 것이었다. 이는 전 세계의 수많은 기업들을 연구하고 내린 결론이었다.

다시 말해 시장이 쇠퇴기라고 생각한 후 부정적이고 소극적인 태도를 취하다 보면 그 기업도 사양길로 접어들었고, 같은 산업 분야라도 적극적인 마음가짐을 가진 리더가 이끄는 조직은 오히려 혁신하고, 새로운 판로를 찾아 개척하며 다시 자라나더라는 것이다. 이는 '긍정의 마인드'를 중시하는 내 철학과도 맞닿아 있었다. 내 설명을 들은 직원들은 흡족하게 고개를 끄덕였다.

한국에서는 사료산업이 '얼마나 성장하겠어?'라고 생각하는 사람들이 제법 많다. 아무래도 미국 등의 나라에 비해 국토의 면적이 작으니 개별 사업자가 운영하는 농장의 규모도 작고,

그만큼 산업의 확장 가능성도 낮아 보이는 모양이다. 하지만 나는 내가 일하고 있는 이 업계의 일이 미래에 그 어떤 분야보다 더 가능성이 크고, 중요한 산업이 될 것이라고 믿고 있다. 실제로 지금도 많은 부분 그런 징후들을 포착할 수 있다. 그렇기에 식량산업, 사료산업이 미래 전략 산업이 될 수 있다고 믿는다. 식량이란 결국 '생존'의 가장 기본이 되는 요소이기에 인류가 존재하는 한 반드시 성장할 수밖에 없는 분야라고 생각하기 때문이다. 또한 식품의 안전 문제는 모든 소비자들이 점점 더 관심을 가지는 분야로 우리는 안전한 먹거리를 공급할 책임이 있는 것이다. 이런 마음이 있기에 나는 직원들에게도 우리는 개인, 기업, 나아가 국가를 책임지는 중요한 사명이 있다고 말한다.

이런 이야기를 자세히 하는 것은 어떤 분야에 속해 있건 자신이 처한 상황을 좀 더 긍정적인 관점에서 바라보는 것이 중요하다는 것을 밝히고 싶어서이다. 우리 입장에서 보면 '축산 농가가 줄고, 농촌 인구가 줄어드는 것'은 명백한 사실이고, 어찌 보면 사양산업이라고 생각할 수도 있겠지만, 기회와 가능성을 생각하니 그 어떤 산업보다 발전하고 확장될 가능성이 높은 산업이라는 생각을 할 수 있었던 것처럼 누구나 기회와 가능성을 찾는 마음이 중요하다는 것이다.

그런데 이런 마음은 기업을 이끄는 리더에게만 적용되는 일은 아닐 것이다. 어떤 일을 할 때 아무리 수세적인 국면에 처하더라도 '뭔가 방법이 있을 거야. 그게 뭐지?'라고 골똘히 고민하는 사람은 반드시 길을 찾을 수 있다.

반면 '어차피 어려운 일이었어. 설령 이 일이 실패한다고 해도 아무도 이의를 제기하지 않을거야'라고 생각하며 일을 한다면 결과는 너무나 자명하다.

어떤 일을 하건 밝은 미래를 내다보고 가능성을 점치는 긍정적인 자세가 중요하다. 아무리 어려움이 있어도 반드시 길을 찾아낼 수 있고, 또 새로운 길을 만들어가기 위한 좋은 기회로 받아들인다면 할 수 있는 일은 무엇이든 있다. 더구나 긍정적인 태도는 주변에 상당히 많은 영향을 미쳐 주위를 긍정 바이러스로 물들인다. 특히 리더의 경우라면 그 영향력은 더 크다. 무심코 내뱉은 말 한마디에도 구성원들은 영향을 받는다. 리더의 태도가 조직의 전체 성과에도 영향을 미친다고 볼 수 있는 것이다. 그러므로 리더는 자신의 말과 행동, 생활태도가 구성원들에게 얼마나 큰 영향을 주는지 깨닫고, 회사가 나누고 있는 가치들을 몸소 실천하며 본보기가 되어야 한다.

긍정적인 태도는 나 자신에게도 득이 되고, 타인에게는 물론 조직에 좋은 영향을 미친다. 부디 어려운 문제에 부딪혔을 때 돌파구가 없어 보일 때도 긍정적인 태도를 잃지 않기를 바란다.

실수를 두려워하지 않는 정직함과 용기

공직자나 사회지도층이 비리를 저지르며 국민들을 실망시킬 때가 있다. 그런 문제들이 사회적인 공분을 불러오는 이유는 그들의 말과 행동이 일치하지 않았기 때문이다. 리더도 마찬가지이다. 아무리 화려한 말을 하더라도 자신이 공언한 일을 실행하지 않는다면 구성원들은 그를 신뢰하지 않는다.

간혹 지도층이나 성직자의 자제가 자신의 아버지를 존경하지 않는 모습을 볼 수 있다. 이유야 여러 가지가 있을 수 있겠지만 대개 밖에서는 그토록 훌륭한 말씀을 하는 부모가 곁에서 지켜볼 때 말과 행동이 일치하지 않는 모습을 목격했기 때문인 경우가 많은 듯하다. 말과 실제가 다른 부모의 모습을 보며 그 순간 아버지에 대한 존경심이 실망으로 바뀌어버리는 것이다.

모든 리더들은 롤 모델이 되어야 하고, 그렇기에 말과 행동이 일치하도록 노력해야 한다.

사실 정직과 언행일치는 삶의 어느 순간에서든 가장 중요한 덕목이 되어야 한다. 눈앞의 이익을 위해서 거짓을 일삼는다면 처음에는 이득을 얻을 수 있을지 몰라도 결과적으로는 그것이 부메랑이 되어 자신의 머리 뒤를 칠지도 모르는 일이다.

더군다나 리더라면 더 말해 무엇하랴 싶다. 기업에서 리더의 말과 행동이 일치하지 못하면 금세 드러난다.

우선 사람들이 회사를 떠나기 시작한다. 인재들이 빠져나가는 것이다. 그 회사에서 자신의 미래를 걸 만한 무엇을 찾지 못하기 때문이다. 말로는 '비전'을 이야기하지만 정작 그것이 지켜질지에 대해 의구심을 가지고 신뢰하지 못한다면 구성원들은 의미를 잃고 공허함을 느낀다. 일에 대한 몰입도도 떨어지고 조직에 대한 충성도 역시 바닥을 치게 마련이다. 그런 조직에서는 사람들이 버텨내기 힘들다.

무릇 사람이 모이는 사람, 사람이 모이는 조직은 정직하다. 자신이 가지고 있는 것을 과장하지도 않고, 부족함을 애써 모른척하지도 않는다. 무엇보다 자신이 내뱉은 말에 대해 끝까지 책임지려는 자세를 잃지 않는다.

누구나 말로는 좋은 것을 얼마든지 보장할 수 있다. 하지만 그것이 삶에서 온전하게 이루어지지 않는다면 사람들은 의심을 품게 된다. 더구나 그럴듯한 말로 대중은 속일 수 있을지 몰라도 가장 가까이에 있는 사람은 속일 수 없다. 가족, 동료, 부하직원은 당신의 일거수일투족에 관심을 가지고 촉각을 곤두세우기 때문이다.

물론 사람은 누구나 완벽할 수 없다. 실수도 하고 실망스러운 결과를 만들 수도 있다. 하지만 그때마다 눈 가리고 아웅하는 것이 아니라 좀 더 완벽해지기 위한 과정으로 수긍하고 노력해야 한다. 그렇게 한다면 당신은 신뢰를 얻을 수 있을 것이다. 그런데도 사람들이 자신의 잘못이나 실수를 인정하지 못하는 까닭은 '사람들이 이 일로 나를 무시하거나 손가락질하면 어쩌나?' 하는 두려움 때문이라고 생각한다.

하지만 진심으로 사과하고 개선하기 위해 노력한다면 사람들이 등을 돌리지 않고 오히려 당신을 도와줄 수도 있다. 우리 주변에서도 이런 예는 쉽게 찾아볼 수 있지 않은가? 예컨대 물의를 일으킨 공인들이 이에 대해 어떻게 대처하느냐에 따라 여론이 달라진다. 곧바로 잘못을 인정하고 "죄송합니다. 다시는 이런 일이 없도록 하겠습니다"라고 사과하면 사람들은 "그래, 사람이니 실수를 할 수도 있지"라고 이해하고 넘어가준다. 하지만 "저는 그런 일이 없습니다"라며 모르쇠로 일관하는 사람들의 경우 나중에 진실이 밝혀지면 도덕성에 치명적인 타격을 입고, 오히려 더 큰 화를 면할 수 없는 경우가 대부분이다. 결국 중요한 것은 결과뿐 아니라 과정에의 정직함이라고 생각한다. 기업의 경우도 예외는 아닐 것이다.

요즘 많은 기업에서 말하는 윤리경영도 이런 맥락에서 보아야 한다. 윤리경영은 단순히 장부를 투명하게 기입하는 수준을 넘어서는 의미가 있다. 그런 투명성을 기본전제로 하고 성과뿐만 아니라 과정도 중시하는 '정직하고 성실한 자세'를 의미한다는 것을 기억해야 한다. 이는 고객과의 약속을 정직하고 성실하게 지킨다는 의미이다.

정직은 용기를 필요로 한다. 스스로의 말에 책임을 지는 것이 얼마나 큰 용기가 따르는 일인지 모른다. 왜냐하면 완벽하지 않은 인간이라는 한계를 넘어 끊임없이 스스로를 바르게 추스러야 하기 때문이다. 어려운 일이지만 그렇게 노력하는 모습을 통해서도 우리는 신뢰를 얻는다. 그리고 사람을 얻는다.

이런 마음으로 나는 중학교 시절 영어교과서의 앞머리에서 보았던 한 구절을 가슴에 새기고 있다.

"정직이 최선의 방책이다."

CEO로서 기업을 이끌며 느낀 점은 바로 이 말이 진리라는 사실이었다. 수많은 기업들이 말로는 윤리경영을 강조하지만, 그것이 무색하리만큼 숨어 있던 어두운 면들이 터져 나오는 것을 보고는 한다.

최근 글로벌 기업 도요타(Toyota)가 한순간에 휘청거리는 모습을 보면서 안타까움을 느낀 것은 나뿐만이 아닐 것이다. 만약 도요타가 초기에 자신들의 실수를 겸허하게 인정하고 개선하기 위한 노력을 기울였다면 결과가 어땠을까? 처음에는 손해를 보상하는 데 비용이 많이 들었을지도 모르지만 고객들의 신뢰를 잃고 기업의 이미지마저 걷잡을 수 없이 추락하는 일은 막을 수 있지 않았을까?

윤리경영은 회사가 가지고 있는 총체적인 책임이다. 우리가 몸담고 있는 사회와 일하는 환경 전체에 영향을 준다는 것을 염두에 두고, 기업시민으로서의 책임을 다하는 것이 넓은 의미의 윤리경영이다. 비자금을 만들지 않고 장부를 투명하게 기입하는 것은 기본이고, 사회적 책임을 다해가는 윤리경영이 기업의 기본 상식이 되어야 한다.

리더십의 대가인 제임스 오툴과 워런 베니스는 "기업의 리더에 대한 평가 잣대가 투자자들에게 부를 만들어주는 능력에서 경제적인 부분뿐 아니라 윤리적이고 사회적으로 지속가능한 조직을 만드는 것으로 변하고 있다"라며 기업의 리더십을 결정하는 중요한 요소가 투명한 경영이라는 점을 역설했다.

나는 이 말이야말로 현재를 사는 우리가 반드시 지켜야 할 과제라고 생각한다. 기업에 몸담고 있는 이들이라면, 특히 리더라면 반드시 마음에 새겨야 한다. 나 역시 이런 자세를 놓치지 않기 위해 노력한다. 물론 여기에는 내가 몸담고 있는 카길의 윤리경영 정신이 많은 부분 밑바탕이 되었다.

무엇보다 내가 우리 회사에 대해 가장 감사하고, 또 자랑스럽게 여기는 것은 실수에 대해 숨기지 않고 인정하며 고치려고 노력한다는 점이다. 예를 들어 안전사고가 발생하거나 환경오염 문제 등으로 벌금이라도 받게 되는 등의 불미스러운 일이 발생하면 그룹 전체에 크게 알려 재발 방지를 촉구하는 캠페인을 벌인다. 쉬쉬하며 덮어두기 위해 급급하는 기업들이 많다는 것을 생각하면 놀랍기도 하다.

개인에게나 기업에게 가장 가지기 어렵지만 반드시 필요한 것은 스스로에게 당당할 수 있을 만큼의 정직함이다. 누구나 실수를 저지를 수 있다. 하지만 그것을 인정하는 정직함은 용기에서 비롯된다. 그렇게 발휘된 정직함은 문제를 해결하는 최상의 방책이다.

물론 쉬운 일은 아니다. 그러나 이런 자세, 올곧은 가치관을 가지고 이를 지키기 위해 노력하다 보면 어느 순간 자신도 모르게 더 큰 것을 얻게 된다. 무엇보다 함께가는 구성원들 모두의 마음과 생활에 윤리경영이 새겨지는 것이 가장 큰 이점이라고 할 수 있다.

기업이 윤리경영을 실천하기 위해서는 조직 구성원 모두의 협조가 필요하다. 그런데 만약 임직원들의 도덕적 해이가 종업원들에게 비친다면, 어떻게 전 조직에 설득력을 가질 수 있겠는가. 언제나 믿음은 조직 내부에서부터 시작된다. 자신이 몸담고 있는 조직이 정직하고 성실하다는 믿음이 있을 때, 구성원들 개개인도 자연스럽게 그런 태도를 갖추게 된다.

그렇게 되면 조직의 성과는 말할 수 없을 정도로 커진다. 카길은 최근 전 세계가 극심한 금융위기와 어려운 환경 속에 놓여 있을 때도 오히려 신용평가회사로부터 가장 건전하고 앞으로의 성장이 예상되는 회사로 평가받아 신용평점이 높아졌다. 나는 이 모든 것이 가치와 비전을 중시하고 정직함이 몸에 배어 있는 우리의 문화에 영향을 받은 것이라고 생각한다. 그리고 그 가치의 중심에는 윤리가 담겨 있다.

우리는 인재를 선택할 때에도 재능보다는 성품에 비중을 둔다. 혼자 독보적인 능력을 보이는 천재보다 선한 마음으로 함께 갈 수 있는 사람을 선택한다는 의미이다. 사람은 누구나 평생을 다 바쳐도 발휘하지 못할 만큼 무궁무진한 잠재력을 가지고 있다. 역량은 조금 부족해도 개발해낼 수 있는 것이다. 혹여 이쪽이 부족하면 저쪽의 능력을 키워 적재적소에 활용하면 된다.

그러나 정직하게 세상을 대하는 선한 성품은 단시간에 개발되는 것이 아니라 오랜 기간 쌓여가는 것이다. 다시 말해 성품이 좋은 사람을 발탁해 그가 가지고 있는 역량을 잘 발현할 수 있는 환경을 조성해준다면 사람은 누구나 큰일을 해낼 수 있다는 것이다. 반대로 우수한 재능을 지녔다고 해도 선하지 못한 판단을 할 수 있는 사람은 조직에 큰 타격을 입히고, 그 안의 개인들마저 불행하게 만들 수 있다는 것을 기억해야 한다.

'행복한 사람은 늘 선한 행동과 고민에 힘쓴다'라는 말이 있다. 이 말을 사람들이 자기 인생의 금과옥조로 삼아주었으면 하는 바람을 가져본다.

• • •

리더는 기다리는 여유를 가지고 자신이 이끄는 사람들의 강점을 살려주며 긍정적인 에너지를 나누어야 한다. 또한 리더 자신의 방식을 강요하는 것이 아니라 사람들 각자가 지닌 개성과 강점을 최대한 발휘할 수 있도록 자리를 펼쳐 주어야 한다. 약점보다 강점을 먼저 보는 것도 중요하다.

4장

부드러운 카리스마는 세상을 움직인다

함께 걷는 이들을 믿고 최고의 전문가로 섬겨라

우리 회사 직원들의 업무 몰입도는 무척 높다. 물론 회사 내에서도 부서별로 다르고 같은 부서라도 조사를 할 때마다 점수에 차이가 있기는 하지만 말이다. 몰입도 조사 이후에는 반드시 피드백을 하는데 그때 점수가 상대적으로 낮게 나오거나, 다른 해에 비해 점수가 떨어진 팀에서는 그 문제에 대해 팀원들이 허심탄회하게 이야기를 나누며 해결점을 찾아간다. 워크숍을 열기도 하고, 퇴근 후 함께 영화를 보기도 하며 팀워크를 다지는 것이다. 이렇게 답을 찾아가다 보면 리더의 태도에서 기인한 문제들이 많다는 것을 깨닫고는 한다.

"열심히 하시는 건 알지만 저희한테 좀 맡겨주셔도 될 일을 너무 혼자 끌어안고 계시는 것 같습니다."

"잘했을 때 칭찬도 좀 해주셔야 하는데 못한 것만 따지시니 움츠러듭니다."

"너무 경직되어 있으신 것 같은데, 좀 부드럽게 대해주세요."

리더들은 이처럼 신랄한 비판에 직면하기도 한다. 자신이 평소에 전혀 생각지도 못했던 점들을 지적받으며 열심히 한다고 했던 것이 오히려 팀원들에게는 부담으로 받아들여진다는 것도 깨닫게 된다.

결국은 일만 잘하는 리더보다 조직 전체가 일을 잘할 수 있는 환경을 만들어주는 리더가 돋보인다. 리더에게는 리더의 역할이 있기 때문이다. 'Leader(리더)'는 말 그대로 'Lead하는 사람', 즉 이끄는 사람이다. 개별적인 힘은 팀원들에게서도 나오는 것이니 이를 이끌어내는 사람이다.

때문에 리더는 자신과 함께 가는 사람들의 탁월한 부분을 눈여겨보고, 이를 인정하고, 이끌어주어야 한다. 그렇게 해야만 모두가 각자의 영역에서 최고의 역량을 발휘할 수 있는 법이다. 그런 의미에서 나는 우리 회사의 모든 인재들이 최고의 전문가라고 생각한다.

우리 회사에는 각 분야의 최고 전문가들이 일하고 있다. 모두가 자신이 맡은 분야에서는 세계 최고의 전문가들이다. 그런 자부심을 가진 구성원들이 일하는 조직이니, 그 조직도 최고가 되는 것이 당연하지 않은가? 전문가에게는 간섭이 필요 없다.

다만 업무의 연계를 위해 협의만 필요할 뿐 각자의 역할은 각자가 책임지는 것이다. 필요한 것은 그렇게 일할 수 있도록 제도적인 뒷받침을 해주는 것뿐이다.

우리가 사내에 제안제도를 두고 있는 것도 이런 생각에서이다. 우리의 제안제도는 업무 효율을 높이기 위한 아이디어를 제안하는 방식이다. 해당 분야에 대해서는 그 일을 담당하는 사람이 가장 잘 알기에 그들의 목소리를 듣기 위해 시작하였다.

이 제도 덕분에 우리는 좋은 아이디어를 많이 얻을 수 있었고, 지금도 얻고 있다. 공장에서도 수많은 아이디어들이 나오는데 '플로어를 이렇게 바꾸면 더 안전할 것이다' '효율적인 동선을 위해 배치를 달리하자' 등과 같은 현장에서의 문제들이 바로바로 제안되고는 한다.

경영자들은 당연히 그들의 이야기에 귀를 기울인다. 해당 분야의 최고 전문가들이기 때문이다. 최고의 전문가인 직원들은 고객을 대할 때나 경영진을 대할 때도 최고라는 이름에 걸맞게 책임을 지고자 한다. 그 기대에 부합하도록 노력하여 반드시 해내는 것이다.

아무리 사소하고 단순해 보이는 일일지라도, 그것을 담당하고 있는 사람보다 더 많은 것을 아는 사람은 없다. 하지만 스스로가 최고라는 자부심을 갖지 않아 자신의 권한을 남에게 위임하는 일은 조심해야 한다. 자부심이 없다면 그 사람이 전문가가 아니라고 느껴지기 때문에 주변에서 간섭하고 참견하는 것이다. 조직에서도 인정하고, 스스로도 긍지를 가지고 일할 때 그 조직은 최고의 전문가 집단이 된다.

리더가 해야 할 일은 조직 구성원 누구나가 스스로 최고의 전문가라고 느낄 수 있도록 배려하는 것뿐이다. 리더가 담당자를 최고의 전문가로 인정하면 그는 최고가 되어 최고를 선보일 것이고, 한낱 부하직원으로 대우하면 그는 주어진 일만 하는 그저 그런 부하직원에 머무를 것이다. 어떤 선택을 할지는 당신에게 달렸다.

더 낮은 자세로, 더 깊은 마음으로

우리는 첫인상에 대해 많이 이야기한다. 사실 첫인상은 매우 중요하다. 첫인상이 좋다는 것은 그만큼 호감을 선사한다는 의미이기 때문이다. 하지만 그것이 전부일 수는 없다.

주변에 늘 사람이 끊이지 않고 모여드는 사람들이 있다. 첫인상이 좋아서일 수도 있고, 사람을 끌어들이는 매력을 가졌기 때문일 수도 있다. 하지만 누구나 경험해보았을 것이다. 첫인상이나 사람을 끌어들이는 첫 매력은 언제나 유효기간이 있다는 것을 말이다. 심지어 연인 사이에도 생화학적 호르몬이 분비되는 마지노선이 3년이라는 연구결과도 있지 않은가. 사람은 그런 매혹적인 자태로만 붙잡아둘 수는 없는 노릇이다.

때문에 오랜 시간 주변 사람들이 떠나지 않고 남아 있는 사람들은 그것보다 더 중요한 무언가를 가지고 있게 마련이다. 그것은 다름 아닌 깊은 신뢰이다. 연인이 결혼을 결심할 때 흔히 이런 말을 하지 않는가?

"이 사람이라면 평생을 같이 갈 수 있겠다 싶었죠."

일도 마찬가지이다. '저 사람하고 일하면 내가 손해는 안 보겠구나' 하는 생각, '이 사람하고 함께하면 내가 배울 게 많겠구나', 혹은 '이 사람과 함께 가면 정말 즐겁고 행복하게 일할 수 있겠구나' 하는 마음이 들 때 사람이 머문다.

이와 같은 신뢰감은 우리 일상 모든 것이 어우러져 만들어진다. 때로는 조금 손해를 보더라도 내 것을 양보하고, 나 자신을 낮출 때 얻을 수 있다는 말이다.

물론 직장생활을 하다 보면 동료 중에 이기적인 사람들이 있게 마련이다. 자기 이익만 챙기려 하고, 나누는 데 인색한 사람들은 아무리 매력 넘치는 풍모를 가지고 있다 해도 진짜로 보이지 않는다.

일을 함께했는데도 자기 이익만 챙기고, 자기 공만 찾으려 든다면 함께 일한 후의 뒷맛은 매우 씁쓸할 수밖에 없다. 당연히 그런 사람과는 두 번 다시 함께 일하고 싶지 않다.

반대로 일은 함께하면서도 남을 배려하고, 일이 끝나도 모든 공적을 함께 일한 사람들에게 돌리는 사람도 있다. 그렇게 자기 희생을 하는 사람 곁에는 당연히 사람이 머문다. 그런 태도를 유지하면 왠지 손해를 볼 것 같다는 생각도 들 수 있다. 하지만 대개의 경우 사람들은 그렇게 내가 마음을 열고 대하면 자신도 마음을 내어주게 마련이다. 그것은 더 큰 신뢰가 되어 좀처럼 내 주변을 떠나지 않을 뿐더러, 어떤 경우에는 다른 사람이 나를 위해서 희생까지 감수해주는 결과를 만들어주기도 한다.

나는 사람은 누구나 그런 마음을 가지고 있다 믿는다. 더구나 상사들은 내가 아무리 공을 다른 사람에게 돌려도 그것이 가능하기까지 어떤 노력이 있었는지 알고 있는 경우가 많다. 열심히 노력하는 사람은 있는 듯 없는 듯하지만 가장 빛나지 않은 자리에서도 빛이 나는 법이기 때문이다.

더군다나 리더라면 자기 희생은 반드시 필요한 덕목이다. 가장 뛰어난 리더는 자신이 이끄는 조직의 일이 성공적으로 끝났을 때 "우리가 이걸 해냈어!"라고 말한다. '나'가 아닌 '우리'가 되는 조직의 힘이 더 큰 것은 당연한 일이 아니겠는가. 이렇게 낮은 자세로 다른 사람에게 다 주겠다는 마음을 가진 리더 주위에는 늘 사람이 모인다. 거기에서 진짜 권위도 나오고 영향력도 생겨나는 법이다.

대학 시절 내가 다니던 농과 대학은 캠퍼스가 수원에 있어서 학생 모두 기숙사 생활을 했다. 부속 목장에서 실습도 하고 함께 먹고 자고 하다 보니, 동기들은 마치 고등학교 동창들처럼 지금도 가깝다. 하지만 내가 그 친구들과 처음부터 지음지우(知音之友)였던 것은 아니었다.

솔직히 말하면 나는 그들 사이에서 외톨이었다. 우리 학교의 친구들은 몇몇을 제외하고는 대부분 명문 중학교 출신으로 중고등학교 시절을 함께 보낸 동기동창이었다. 그러다 보니 내성적인 나는 이미 견고하게 이어진 그들 사이에 끼어들지 못하고 소외될 수밖에 없었다.

그러다가 2학년이 되었을 때 과대표를 뽑게 되었다. 물론 아무도 자원하는 사람은 없었다. 지금도 그렇겠지만 과대표는 심부름을 도맡아 하는 자리였기 때문에 모두들 귀찮아했다. 잠시 고민한 끝에 그 일을 내가 맡겠다고 했다. 누군가는 해야 할 일이라면 나라도 해야겠다는 생각이었다. 지원자가 없으니 당연히 투표 없이 당선되었다. 사실 큰 기대 없이 주어진 일로 받아들이고 나섰던 터였다.

그런데 그 일이 내게 큰 변화를 가져다주었다. 과대표를 하면서 궂은일을 맡아서 하다 보니 어느 순간 친구들이 하나둘 내 주변으로 모여드는 게 아닌가. 그때의 경험은 내가 조금만 양보하고 낮아지면 사람들이 내게 힘을 보태준다는 귀한 사실을 깨닫게 해주었다.

그리고 그 경험이 지금까지 나를 이끄는 중요한 원천 중 하나가 되었다. 기독교인인 나는 모든 이가 하나님이 창조하신

한 분 한 분의 걸작품이라고 생각한다. 그렇게 소중한 사람들이기에 반드시 존칭어를 쓰고 매사에 존중한다. 내가 이 회사의 CEO이고 조직을 이끌어가는 사람이기는 하지만, 한번도 직급이나 직책에서 누구보다 위에 있다는 생각을 해본 적이 없다. CEO라는 것은 단지 내가 맡고 있는 업무적인 역할일 뿐이다.

나는 이런 마음으로 우리 회사 직원들에게도 늘 섬김의 리더십을 강조하고는 한다. 섬김의 리더십은 어떠한 위치에 있든지 자신의 지위를 이용해 힘으로 사람들을 좌지우지하려고 하지 않는다. 항상 낮은 자세로, 조용하지만 다부지고 강인한 신념으로 사람들을 이끄는 리더십이다. 이런 리더십은 언제나 구성원들을 사랑하는 마음이 가장 앞자리에 자리하고 있을 때 생긴다.

하지만 사람인지라 모든 사람을 언제나 사랑한다는 것이 말처럼 쉬운 일은 아니다. 가장 좋은 방법은 행동부터 하는 것이다. 신기하게도 실천하면 마음도 더 불어난다. 실천은 또다른 힘이 있는데, 실천 그 자체로 권위가 생긴다는 것이다. 그리고 리더는 권력이 아닌 권위에 집중해야 한다. 그렇게 하여 다른 사람들에게 좋은 영향을 미치는 것, 그것이 진정한 섬김의 리더십이다.

그렇기에 섬김의 리더십은 참으로 힘이 세다. CEO가 함께 일하는 모든 임원들을 섬기고, 그 임원들이 같이 일하는 팀들을 섬기고, 궁극적으로는 일선 현장에 있는 모든 직원들을 섬김으로써 직원들은 우리의 고객을 섬긴다. 건강한 섬김의 선순환 고리가 만들어지는 것이다.

이를 위해서는 더 낮아지고 겸손해져서 나와 관계되는 사람들을 모두 최고로 대접해야 한다. 기업은 고객을 주인으로 모셔야 하고, 선배는 후배를 귀한 존재로 대접해야 한다. 가족도 마찬가지이다. 부모가 강권으로 뭔가를 바꾸겠다는 생각을 버리고 자식들을 진정한 인격체로 대우할 때 진정한 리더십이 발휘된다. 열 마디 말보다 한 번의 실천, 솔선수범하는 자세가 더 없이 중요하다.

주위를 보면 카리스마 넘치고 똑똑한 리더가 이끄는 조직이 항상 좋은 성과를 내는 것은 아닌 것 같다. 때로는 오히려 조금 어수룩해 보이는 리더가 이끄는 조직에서 더 좋은 성과가 나온다. 사람이 모이기 때문이다.

혼자서 모든 일을 할 수 없는 법이니 이렇게 사람이 모여드는 리더는 더 많은 일을 할 수 있다. 조직 전체의 에너지를 끌어내 적재적소에 활용할 수 있기 때문이다. 조직 구성원 개개인이 각자의 강점을 발휘하고, 즐겁게 일할 수 있는 자리를 마련해주니 당연히 구성원의 가능성도 최대치로 발현되고 성과로도 이어지는 것이다.

흔히 리더가 사람을 선택한다고 생각하지만, 실은 리더가 사람들에게 선택받는 것이다. 그리고 가장 낮은 자세로 섬기는 리더는 많은 이들의 선택을 받는다.

노자는 "위대한 임금은 백성이 그의 존재를 알지 못하는 왕이다(太王不知有之)"라고 말했다. 사람들을 이끌려면 그들에게 자신을 드러내기보다, 그들 스스로 일하도록 도와야 한다는 의미일 것이다. 가장 뛰어난 리더는 사람들이 자신의 존재를 의식하지 않고 일을 성취한 후 우리가 이 일을 해냈다고 말할 수 있어야 한다.

그만큼 더 낮아지고, 더 겸손해져야 하며 함께 일하는 사람에게 존경을 표하고 감사를 전해야 한다. 언젠가 한 언론에서 나를 두고 '낙타 리더십'이라는 말을 한 적이 있다. 참 고맙고 감사한 평가인데 문득 그 말을 다시 새기고 싶다. '낙타처럼 살아가라' 천리 길 사막을 묵묵히 걸어가는 낙타처럼, 사람들을 등에 태우고 목적지로 향하는 낙타처럼, 그렇게 겸허한 자세로 사람들을 대우하고 이끌어야 한다.

지금 당신의 위치에서 누릴 수 있는 모든 특권을 버려라. 서 있는 자리가 어디든 그 자리에서 가장 낮아져야 한다. 주변의 모든 이들을 섬기는 마음으로 대해보라. 그러면 분명 그들이 당신에게 힘을 보태줄 것이다.

가능성을 믿고 여유 있게 때를 기다려라

어떤 일이든 처음 시작하고 얼마간은 성과가 쉽게 나지 않아 인내가 필요한 경우가 많다. 머리로는 '비전을 가지고 일하다 보면 언젠가 반드시 좋은 결과가 찾아온다'라는 사실을 알지만 그 언젠가가 대체 언제인지 알 수 없어 초조해질 때도 있다. 더구나 큰 조직을 이끄는 리더라면 "미래에 이만큼 할 테니 단기적으로는 실적이 나빠도 이해해달라"고 말하는 것을 용인하기 어렵다. 한 배에 탄 수많은 사람들을 이끌어야 하니 당연히 실적에 신경을 쓰고, 관심을 가질 수밖에 없는 것이다.

그러나 때로는 기다림도 필요하다. 그가 가진 가능성이 발휘될 때까지 시간을 줄 필요가 있다는 것이다. 이때 필요한 것은 딱 한 가지뿐이다. 바로 일을 추진해가는 사람을 믿는 것이다.

그와 그의 동료들, 팀의 비전과 가능성을 믿고 기다려주는 마음 말이다.

그렇기 때문에 리더에게 있어 기다림은 중요한 덕목 중 하나라고 생각한다. 중국 시장을 개척할 사장을 한국 팀에서 파견할 때의 일이다. 그때 우리는 다양한 분야의 인재들을 파견했다. 전공 분야도 각기 다르고 하던 일도, 경험도 모두 다른 사람들이었다. 개중에는 생산 관련 전문가도 있었고, 영업 전문가와 재정 전문가도 있었다. 당연히 성격이나 일하는 스타일, 리더십의 양상까지 모두 다른 사람이었다. 그중 새로 여는 공장에 한 사장을 파견할 때 그가 내게 이런 말을 했다.

"회장님, 저는 발동이 늦게 걸립니다."

그는 자신을 천천히 추진해나가며 목표를 달성하는 사람이라고 설명했다.

그의 말처럼 그가 맡은 공장은 쉽게 수익이 나지 않았다. 그러나 나는 그를 믿고 기다렸다. 1년이 가고, 2년이 지나고, 다시 3년, 4년이 지났다. 그런데도 성과가 없었다. 나는 조금씩 초조해졌다. 그의 저력을 믿지만 그렇다고 해도 언제까지 기다리고만 있어야 하는지 의문이 들었고, 답답하기도 했다. 결국 나는 더 참지 못한 채 그에게 물었다.

"내가 기다리는 것도 한계가 있는데 얼마나 더 기다려야 할까요? 뭐가 어떻게 달라졌는지요? 얼마나 향상되었습니까?"

그는 다부진 어조로 "조금만 더 기다려달라"고 했다. 나는 조바심이 났지만 확신에 차 있는 그를 보며 이왕 기다린 김에 조금 더 믿어보기로 했다. 그리고 마침내 5년째 되던 해, 그 공장에서 수익이 나기 시작했다. 조금 오래 걸리기는 했지만 그는 믿음을 저버리지 않았다. 그 이후 공장은 놀라운 성장을 거듭해 지금은 중국 내에서 가장 큰 수익을 올리는 곳 중 하나가 되었다.

그의 스타일은 빠른 결과를 내기보다 사람의 마음을 한데 모으고, 시스템을 갖추는 데 더 치중하는 방식이었다. 이런 방식은 시스템이 견고하기 때문에 한 번 시스템이 갖춰지기가 어렵지 완성되어 작동하기 시작하면 놀랍게 가속도가 붙는다. 게다가 쉽게 무너지지 않는 지속성까지 유지한다.

그 공장은 늦게 발동이 걸리기는 했지만 성과도 좋고 그곳에서 일하는 직원들 모두가 만족하며 행복하게 일하고 있다. 그것이 더 큰 성과가 아니겠는가?

그 공장의 성장을 보면서 언젠가 읽은 책을 떠올렸다. 조엘 웰던이 쓴 《멘토》라는 책이다. 책 내용 중에 대나무의 한 종인 모죽(毛竹)에 관한 이야기가 있다. 모죽은 아무리 주변 환경이 좋아도 심은 지 5년이 지나지 않으면 거의 변화가 없다고 한다. 그렇게 준비기간을 몇 년 보낸 뒤에는 하루에도 70센티미터씩 쑥쑥 자란다고 한다. 그렇게 6주 동안 하루도 쉬지 않고 성장해서 나중에는 30미터까지 자란다는 것이다.

어쩌면 그렇게도 그 중국 사장의 경우와 같은지, 나는 혼자 웃음 짓고 말았다. 모죽이 5년 내내 모습을 드러내지 않고 땅속 깊은 곳에서 기초를 다진 것처럼 그 사장 역시 그렇게 안팎으로 내공을 다졌을 것이다.

리더에게는 인내가 필요한 순간이 많다. 다르게 표현하자면 인내심을 가지고 지속적으로 상황을 지켜봐야 할 때가 있다는 말이다. 단 인내하되 수수방관하라는 말은 아니다. 현상을 그냥 보고 참아주는 것은 인내가 아니라 방기이다.

그가 가진 강점을 분명히 파악하고, 그에 대한 믿음이 있을 때 인내해야 한다. 그냥 내버려두는 것이 아니라 올바른 방향으로 일을 진행해갈 수 있도록 지속해서 성심성의껏 지원하고 코칭해주어야 한다. 그것이 리더의 역할이다.

이는 기업뿐 아니라 어떤 조직에도 마찬가지로 적용된다. 나라의 지도자도 마찬가지고, 가족의 리더인 부모도 마찬가지이다. 이제 고작 후배사원 한두 명을 밑에 둔 초년생 직장인에게도 적용되는 이야기다.

리더는 기다리는 여유를 가지고 자신이 이끄는 사람들의 강점을 살려주며 긍정적인 에너지를 나누어야 한다. 또한 리더 자신의 방식을 강요하는 것이 아니라 사람들 각자가 지닌 개성과 강점을 최대한 발휘할 수 있도록 자리를 펼쳐주어야 한다. 이미 말했지만 약점보다 강점을 먼저 보는 것도 중요하다. 부족함을 채우려고 하다 보면 기다림이란 불가능하다. 더구나 부족함을 채운다는 것은 평범함으로 이끄는 것일 뿐 탁월함으로 이끄는 방식이 아니다. 반면 강점을 살려주며 기다려준다면 무한대로 능력을 뽑을 수 있다. 이는 기업 경영도 그렇고, 자녀교육도 마찬가지이다.

그렇게 했을 때 누구나 즐거운 마음, 행복한 마음으로 일을 더 잘할 수 있고, 성과도 더욱 커지는 법이다.

괴테는 "현재의 모습대로 대하면 그 사람은 현재 모습 그대로 남아 있을 것이고, 잠재능력대로 대해주면 그 사람은 결국 그대로 될 것이다"라고 했다. 얼마나 멋진 말인가! 각자의 내면에 잠들어 있는 거인을 깨워 불러오는 것은 리더의 몫이다. 강점을 보며 기다릴 줄 아는 리더가 위대한 인재를 얻는다는 사실을 명심하자.

유리천장을 뚫고 오른 보통 사람

얼마 전 미국 100대 도시 중 한 곳인 캘리포니아 주 어바인 시 시장인 강석희 시장의 강연을 들었다. 그는 한국인 1세로는 처음 미국 직선 시장에 당선된 인물로 어바인 시 최초의 동양인 시장이었다. 그의 강의는 '평범함'의 힘에 대해 다시 한 번 생각할 수 있는 계기를 주었다. 인지도가 '제로'에 가깝던 동양인 이민자가 보수적인 백인 위주의 사회인 어바인 시 시장에 당선된 것은 계란으로 바위를 깨뜨린 것과 같은 일이었다. 다인종 사회인 미국사회에서도 동양인이 정치권에 진입하는 데는 아직도 보이지 않는 '유리천장'이 존재하기 때문이다.

강석희 시장의 선거 유세 과정을 들으며 나는 '낮아지기'와 '노력'의 힘을 생각했다.

그는 2만 가구나 되는 유권자들의 집을 일일이 걸어서 방문했다고 한다. 5개월 동안 꼬박 하루에 4시간씩 주민들을 찾아다니며 자신을 알리고, 주민들이 관심을 가지고 있는 문제들이 무엇인지 직접 듣고, 이에 대해 대화를 나누었다고 한다. 그리고 그렇게 열린 자세로 자신을 낮춘 만큼 사람들은 그에게 마음을 열었다고 한다. 그는 자신을 두고 지극히 평범한 보통 사람이라고 하며 이렇게 덧붙였다.

"그렇지만 보통 사람도 열심히 노력하면 반드시 꿈을 이룰 수 있습니다."

나는 그의 말에 전적으로 동감한다. 어쩌면 과거의 내 모습과 비슷한 부분이 많았기 때문에 더 각별하게 느꼈는지도 모르겠다.

나는 퓨리나 코리아 최초의 한국인 CEO이다. 이 말이 어떻게 들리는가? 아무리 외국계 기업이라고 해도 한국에 있는 회사의 사장이 한국인인 것이 뭐 특별하냐고 생각할지도 모르겠다. 하지만 내가 퓨리나 코리아의 사장이 되었을 당시에는 외국계 기업이 많지 않았을 뿐 아니라 대부분 외국 본사에서 외국인 CEO를 파견했었다.

1988년, 당시 매니징 디렉터로 일하던 나는 '이제는 한국인 CEO가 나와도 좋을 시점이다'라고 생각하면서 나 자신의 미래를 그려보았다. 그리고 지금이 바로 승부수를 던져야 할 때라고 마음먹었다. 그때 내 나이가 마흔세 살이었다.

그렇게 마음먹기까지는 몇 가지 이유가 있었다. 무엇보다도 당시의 사장이 임기를 마치고 돌아가면 분명히 다시 외국인 사장이 취임할 것이고, 그가 임기를 마칠 때쯤이면 내 나이가 쉰 살이 된다는 사실에 주목했다. 그때는 내가 과감하게 승부수를 던지기에는 너무 늦을 것이라는 판단이 섰다. 그러니 지금이 바로 내가 나서야 할 때라는 결심을 굳힐 수 있었다. 나는 마음을 다잡았다.

하지만 객관적인 조건을 두고 냉정하게 나를 돌아보니 내가 가진 조건은 너무나 볼품이 없었다. 설사 본사에서 한국인 CEO를 선정하겠다고 결정한다 해도, 내가 선택될 가능성은 희박해 보였다.

퓨리나 코리아는 자산규모가 1천억 원이 넘는 100퍼센트 미국 투자법인이었다. 그런 회사를 오롯이 한국인에게 맡겨준다면 당연히 믿을 만한 자격을 갖춘 사람을 후보로 물색할 것이 분명하지 않은가?

나는 어떤 자격을 갖춘 사람이 선택될지 곰곰이 생각해보았다. 머릿속에 몇 가지 기준이 그려졌다.

첫째는 한국인이라도 미국 시민권자를 선택할 가능성이 높아 보였다. 한국계 미국인 말이다. 당시 우리 회사에는 그런 이들이 여러 명이 있었다. 둘째는 미국에서 박사학위를 받아온 임원진들이 물망에 오를 것이라고 생각했다. 셋째로 미국에서 MBA를 하고 경영학 전반을 잘 아는 사람이 후보가 될 수 있겠다는 생각이 들었다.

하지만 나는 이 3가지 조건 중 아무것에도 해당되지 않았다. 그렇다고 그대로 물러날 수는 없었다. 나는 최소의 조건이라도 갖춰야 한다 생각하고 가장 단기간에 조건을 충족시킬 수 있는 것이 무엇일까 고민했다. 답은 생각보다 어렵지 않았다. '그래, 하버드 MBA다!'

나는 그 길로 당장 미국 하버드 대학 최고경영자 MBA 과정에 도전하기로 하고 지원서를 보냈다. 하지만 그 과정이 순탄치만은 않았다. 기대와 기다림 끝에 하버드 대학의 입학허가를 받기는 했지만 절반의 성공이었다. 본사 회장의 추천서를 받아야 최종 허가하겠다는 조건을 붙여 합격 통보를 해온 것이다. 하지만 본사는 추천서를 써줄 수 없다고 했다. 그도 그럴 것이 석 달간 자리를 비워야 하고, 학비도 5만 달러나 되는 코스이니 회사로서도 결정하기 어려웠던 것이다.

그대로 포기해버리기에는 나 역시 쉽게 결정한 일이 아니었다. 나는 고심 끝에 히든카드를 꺼내들었다. 나는 본사의 회장에게 편지를 썼다.

"우리는 이 회사의 젊은이들에게 비전을 말하며 일합니다. 비전을 가질 수 있는 회사란 인재개발에 투자하는 회사가 아닙니까. 장래에 사장이 될 지 아닐지는 그다음 문제이고, 이런 좋은 기회에 투자를 해주지 못하는 회사라면, 나는 이 회사에서 미래를 볼 수가 없습니다. 그러니 선택해주십시오. 제가 회사를 떠나는 것을 받아들이시든지, 아니면 추천서를 써주든지를 말입니다. 선택은 한 가지입니다."

돌아갈 방법이 없는 상황, 그야말로 정공법이었다. 그리고 내 의지에 마음을 움직인 것인지, 운이 좋았는지는 알 수 없지만 다행히 나는 CEO의 추천을 받아 하버드 최고경영자 과정에 입학할 수 있었다.

그 뒤 1990년, MBA 과정을 마친 그해에 나는 퓨리나 코리아의 5대 CEO가 되었다. 막혀 있는 것만 같았던 길이 열리고, 머리 위에 놓여 있던 유리천장이 와장창 소리를 내며 부서져버린 순간이었다.

이 이야기를 새삼스레 이렇게 세세히 말하는 것은 평범한 사람도 포기하지 않고 노력하면 반드시 원하는 바를 이룰 수 있다는 믿음을 나누고 싶어서이다. 나는 그런 나 자신이 기특하고 대견하다. 그리고 내가 누군가에게 희망의 사례가 되기를 바란다.

나는 어린 시절부터 내성적인 아이였다. 탁월하게 머리가 좋은 것도 아니었고, 입사한 후에도 열심히 일했을 뿐 좌중을 사로잡는 카리스마가 있었던 것도, 특출난 언변이나 탁월한 능력이 있었던 것도 아니다.

그런 내가 회사의 사장이 되었다. 그들이 나를 선택한 이유는 무엇일까? 나는 그 까닭을 내가 가진 상황에서 주저하지 않고 돌파하려는 적극적이고 긍정적인 마인드와 노력 덕분이라고 생각한다. 물론 운도 좋았으리라.

비범한 재능을 가졌다면 더 좋았겠지만 그렇지 않다고 해도 전혀 문제될 것은 없다. 포기하지만 않는다면 말이다. 그래서 나는 감히 평범한 보통 사람들이 일구어내는 비범함이 더 귀하고 값지다고 생각한다. 더불어 항상 노력하는 자세가 중요한 덕목이라고 생각한다. 어떤 일이건 새로운 방향으로 향하려는 노력, 끊임없는 자기 혁신이 가치 있는 일이라고 여긴다.

인생은 내 것이다. 비즈니스도 내가 만드는 것이다. 내가 가진 조건에 만족하지 않고 계속 돌파구를 찾으려고 노력한다면 그 어떤 장벽이 가로막는다고 해도 반드시 이를 헤쳐 나갈 수 있는 방법을 찾을 수 있을 것이다. 학벌이 별로여서, 인맥이 없어서, 가진 것이 많지 않아서라며 스스로의 가능성을 보지 못하고 있는 것은 아닌지 꼭 한 번 생각해보았으면 좋겠다.

하나가 되려거든 서로 다름을 인정하고 이해하라

2001년 퓨리나와 카길 그룹이 합병되었는데 정작 한국 팀의 법인통합은 그로부터 7년 후에 이루어졌다. 법인 중 가장 늦은 합병이었지만 지금은 가장 성공적이라는 평가를 받고 있다. 사실 합병을 진행하는 동안 마음고생이 없었던 것은 아니다. 우리와는 달리 신속하게 통합을 마치고 조직을 정비하는 법인들도 있었기 때문이다.

우리와 비슷한 경우인 필리핀 지사만 보아도 단시간에 합병 과정을 끝냈다. 필리핀 지사의 경우 두 회사가 합병되면서 인력이 이중으로 겹쳐지자 겹치는 인력들을 우선으로 내보냈다. 인원도 줄이고, 비용도 줄이고, 브랜드도 하나로 합치며 순식간에 두 회사가 하나가 되었다. 본사에서도 그런 효율적인 처리를 환영하는 분위기였고, 시간 낭비 없이 새롭게 시작하는 조직에 박수를 보내주었으니 나와 우리 조직은 부담감을 느낄 수밖에 없었다.

하지만 나는 서로 다른 문화의 두 가정이 합쳐지듯, 서로 다른 강한 문화를 가진 두 그룹이 하나가 되기 위해서는 시간이 필요하다고 판단했기에 법인 통합을 서두르지 않았다. 그리고 주변에서 통합 소식이 들려올 때마다 '내 결정이 틀린 게 아니다'라고 마음을 다잡았다.

새 신발을 신을 때도 신발을 길들이지 않고 신으면 너무 아파서 오래 걷지 못하는 것처럼 나는 무리하게 조직을 정비하는 것은 장기적으로 봤을 때 더 큰 고통을 감수해야 할 수도 있고, 분명 어딘가에 상처가 남을 것이라고 생각했다.

물론 외형적으로는 아무런 문제 없이 통합을 이룰 수도 있지만 그렇게 성급하게 일을 진행하다 보면 하나가 되는 과정에서 반드시 거쳐야 할 가치나 비전을 나누는 일에 소홀할 수밖에 없고, 단지 형식적인 통일에만 치중할 우려가 있다고 판단했다. 더구나 그 과정에서 유능하고 탁월한 인재를 잃을 수도 있는 일이라 생각하니 흔들리지 않을 수 있었다.

실제로 필리핀의 경우 시간이 지나며 여기저기서 부작용이 불거져 나왔다. 수많은 인재들이 회사를 이탈했고, 직원들의 사기도 저하됐으며, 결과적으로 사업도 점차 기울었다.

어찌보면 예견된 수순이었는지도 모른다. 결국 필리핀 사업부는 합병 초기에 고전하다가 사업수익이 절반으로 뚝 떨어지고 말았다.

결혼을 하고도 진정한 가족이 되기 위해서는 서로 이해하는 시간이 필요하지 않은가? 연애를 하면서 아무리 서로를 잘 알았다고 해도 한 집에서 살아간다는 것은 서로 양보도 해야 하고, 서로의 가치관은 물론 사소한 습관까지도 알아가는 과정을 거쳐야 순탄해진다.

기업도 마찬가지이다. 서로 다른 환경에서 다른 문화를 가지고 사업을 영위해온 두 기업이 하나가 되기 위해서는 그만한 시간이 필요하다. 서로가 추구하는 비전, 기업문화와 가치관, 인적 구성원의 특성까지 서로를 이해하는 과정이 필요하기 때문이다. 그렇기에 우리는 점진적으로 하나가 되도록 노력하며 시간을 투자했다. 그러는 동안 사업은 위축되지 않았다. 오히려 사업은 성장했고, 서로를 이해하고 노력하며 팀워크는 더욱 단단해졌다. 서로에게 신뢰가 쌓였기 때문이다.

이렇게 여러 해에 걸쳐 꾸준하게 문화캠페인을 벌여서 두 회사의 분위기가 비슷해졌다는 판단이 들었을 때 나는 합병을 선언했다. 어려움이 있었지만 지금 돌아보아도 잘한 선택이라고 생각한다.

이렇게 다져진 조직은 아무리 외풍이 심해도 흔들리지 않는다. 빵을 만들 때도 반죽 단계에서 각각의 재료를 넣고 잘 저어 주어야만 맛있는 빵으로 구워지듯 이런 단계를 거친 조직이 더 단단해지기 때문이다.

여기서 다시 한 번 강조하지만 하나가 되기 위해서는 반드시 '이해'라는 전제조건이 필요하다. 그렇기 때문에 글로벌 조직에서는 진출하는 국가에 대한 이해가 필수다. 간혹 적극적으로 해외 진출을 시도했다가 실패하는 기업들을 보게 되는데 대체로 그 문화에 대한 이해 없이 성급하게 자신만의 방식을 이식하려 했던 것이 이유인 경우가 많았다. 앞서 말한 합병 초창기 필리핀의 경우도 그 때문이었다.

필리핀은 오랜 기간 미국과 네덜란드의 통치 아래에 있었다. 외세의 지배 기간이 길었기 때문에 민족적 성향이 부드럽고 순종적이다. 리더의 말에 이의를 표하기보다는 잘 따르는 분위기다. 하지만 그만큼 조심성이 많아 무턱대고 마음까지 다 열지 않는 성향을 가지고 있다. 그들은 자신이 표현하지 않은 마음까지 잘 읽어내고 이해할 수 있는 리더에게 마음을 연다. 그런데 그 과정이 무시되었으니 어려움에 처했던 것이다.

또 다른 예로 태국 국민들은 자존심이 무척 강하다. 타일랜드(Thailand)라는 국가명은 'Land of Freedom', 즉 자유의 땅이라는 의미이다. 그들은 역사상 어느 나라의 지배도 받아본 적이 없다. 그래서 스스로에 대한 자긍심이 무척 강하다. 따라서 강력한 리더십은 굉장한 반발을 불러온다. 그렇기에 우리는 태국으로 리더를 파견할 때 이런 배경에 적합한 사람을 배치했다.

이처럼 하나가 되기 위해서는 상대에 대해 알아가는 노력, 그를 기반으로 한 이해가 반드시 필요하다. 그리고 내가 먼저 마음을 열고 상대를 이해해야 한다. 그러면 그들도 나를 받아줄 것이다. 사람이든, 기업이든 혹은 공동체이든 서로 만나 하나가 되는 과정은 늘 이러하다고 해도 과언이 아니다.

마음을 열고
함께 미래를 계획하라

얼마 전 손주들에게 애니메이션 DVD를 틀어주다가 우연히 아주 재미있는 문구를 발견했다. 〈하늘에서 음식이 내린다면〉이라는 작품이었는데, 그 영화에는 감독 이름이 들어갈 자리에 감독명 대신 '많은 사람들(a film by a lot of people)'이라고 쓰여 있었다. 얼마나 멋진 발상인가. 전체를 디렉팅한 감독이 없을 리 없지만, 이 영화는 감독만의 것이 아니라 작업에 참여한 모든 이들의 것임을 천명하는 말이었다.

기업도 그렇다. 전체를 이끄는 리더가 있지만, 리더 한 사람이 기업 전체를 대표할 수는 없다. 기업은 수많은 사람들이 자기 자리에서 열정을 다할 때 비로소 제 역할을 할 수 있기 때문이다. 그런데 간혹 기업가들은 그 부분을 간과하는 경향이 있다. 나는 그런 모습을 볼 때마다 안타깝다. 내가 생각하기에 그들은 가장 중요한 것을 놓치고 있다.

앞서 잠시 언급한 대로 우리 회사는 매년 전 세계 법인을 대상으로 직원들의 회사 몰입도를 알아보는 '직원 몰입도 조사'를 실시한다. 직원 몰입도는 직원들이 회사에 대해 얼마나 많은 애정과 자부심을 가지고 업무를 수행하는지 그 만족도를 평가하는 것으로, 카길은 '만족'을 넘어 회사에 '몰입'하는 단계에 이르게 하는 것을 목표로 하고 있다. 때문에 조사는 현재의 업무환경, 일상 업무, 회사의 정책, 인간관계, 보상, 발전기회 등에 대해 얼마나 알고 있는지 20개 항목, 56개 문항에 걸쳐 꼼꼼하게 점검한다.

카길 그룹 전체의 몰입도는 64점이다. 대기업을 비롯해 국내 기업들의 몰입도 평균이 40점이라고 하니 상당히 높은 편이라고 할 수 있다.

그런데 우리 한국 팀의 몰입도 점수는 무려 91점이었다. 글로벌 기업으로는 상당히 높은 카길 그룹 전체 평균을 훨씬 상회할 뿐 아니라, 카길 그룹 전체 1,000여 개 사업장 중에서도 가장 높은 점수이다. 사람들은 이렇게 놀라운 몰입도를 보이는 한국 팀을 경이로운 눈으로 바라보며 그 리더인 내게 "어떻게 하면 직원들이 이처럼 높은 업무 몰입도를 보입니까?"라고 묻는다.

나는 그럴 때마다 빙그레 웃으며 이렇게 답한다.

“비결은 바로 비전에 있습니다.”

1990년, 하버드 MBA 과정을 이수하면서 나는 인재개발(HR) 분야의 담당 교수로부터 비전에 대한 인상적인 강의를 들었다.

“위에서 아래로 하달되는 형식의 비전은 의미가 없습니다. 함께 생활하는 공동체의 일원들이 모두 비전 창조에 참여할 때, 비로소 모두의 비전이 되는 것입니다.”

당시만 해도 비전이란 구문 그대로 비전이었다. 국내 기업 대부분이 마치 유행처럼 비전의 중요성을 강조하면서 비전 세우기에 골몰하기 시작했다. 하지만 아직 비전에 대한 올바른 이해가 없던 시절이었기 때문에 대부분 전문업체에 용역을 주는 형식으로 조직의 비전을 만드는 수준이었다. 다시 말하면 비전을 만들어 탑다운(Top Down) 방식으로 조직 하부까지 하달하는 형태였던 것이다.

MBA를 마치고 귀국한 나는 우리 회사에도 비전을 세워야겠다 생각하고 비전을 만드는 작업에 착수했다. 한편에서는 우리도 용역을 주자는 의견이 있었지만, 내 생각에 그것은 진정한 비전이 될 수 없다는 판단이 들었다. 그래서 우리는 전혀 다른 방식으로 접근하기로 했다. 바로 전 직원의 목소리와 바람을 담자고 결의한 것이다. 비전을 이루어야 할 사람은 바로 우리 모두, 즉 모든 구성원이기 때문이다.

누구나 이런 경험을 해본 적이 있을 것이다. 공부를 하려고 마음먹었는데 엄마가 "얘, 그만 놀고 공부해라"라고 하면 갑자기 공부가 하기 싫어지는 것 말이다. 그와 마찬가지로 남이 등 떠밀어서 하는 것은 진정한 나의 목표가 되지 못한다. 그러니 우리가 창조하는 비전이 진정한 우리의 미래가 되기 위해서는 반드시 모두가 참여하는 형태가 되어야 한다고 생각한 것이다.

물론 전문적인 조언이 필요한 부분도 있었기에 경영 전문가이신 교수 한 분의 자문을 받는 형식을 취했지만 궁극적으로 비전 자체는 우리가 만들어갔다.

비전 세우기의 첫 단계는 다름 아닌 전 직원 인터뷰였다. 본사뿐 아니라 공장 현장에서도 직원들 한 사람 한 사람을 인터뷰했다.

다음 단계는 그렇게 모인 다양한 의견을 하나로 모아가는 것이었다. 직원들은 소그룹을 이루어 워크숍을 열고는 메시지를 좁혀갔다. 그렇게 압축된 메시지를 다른 사람들에게 알려 피드백을 받는 과정이 이어졌고, 이런 방식으로 회사 전체가 비전 세우기에 참여했다. 이런 과정을 거쳐 '우리 모두의 비전'이 탄생하였다.

1990년, 우리는 최초의 비전 선포식을 가졌다. 10년 후를 내다보며 만든 우리의 비전은 '세계 최고의 종합 축산회사'였다. 이는 10년이 채 되기 전인 1997년 현실이 되었다. 직원들 각자가 비전을 '회사의 것'이 아닌 '나의 것'으로 받아들이고 스스로 더욱 정진해준 결과였다. 우리 회사는 전 세계 지사 중 매출 순위 1위를 차지했고, 그 후 지금까지 한 번도 그 자리를 놓치지 않고 있다. 또한 어느 기업보다 높은 몰입도를 자랑하고 있지 않은가. 이 모든 과정에서 어려움이 없었겠냐마는 그때마다 모두 합심하여 난관을 뚫고 새로운 돌파구를 만들어준 직원들이 있었다. 나는 그들이 너무나 자랑스럽다.

'백지장도 맞들면 낫다'는 말처럼 서로 돕고 의지하며 한곳을 바라보고 나아가니 결과가 좋은 것은 어쩌면 당연한 일일지도 모른다. 구성원들이 가치를 공유하고 그에 기초한 강력한 조직문화를 갖고 있는 조직은 이윤 추구를 목적으로 삼은 회사보다 성과가 높다는 연구결과도 있다. 그렇다. 우리는 그 누구도 아닌 '나', 그리고 '우리'의 목표를 향해 한 배의 노를 젓고 있다.

어느 기업이나 미래의 비전을 말한다. 그러나 직원들에게는 그저 공허한 구호로만 느껴지는 경우가 많다. 회사의 비전일 뿐, 자신에게는 어떤 성취감도 주지 못하는 구조일 경우다. 그런 기업에서는 직원 몰입도도 현저하게 낮을 수밖에 없다. 직원들의 몰입을 이해하는 데 가장 중요한 요소는 회사와 각자의 인생 사이의 '연결'이기 때문이다.

그래서 우리는 기업의 비전이 개인과 동떨어지지 않고 함께 가고 있다는 것을 보여주기 위해 비전을 나누는 책자에 회사의 비전 옆에 개인의 비전을 쓰는 공간을 두어서 그 연결성을 보여주었다. 더 나아가 고객들 역시 우리 회사의 비전을 농장의 비전으로 세우고 우리 직원들과 비전을 공유해가며 농장을 경영하고 있다.

이처럼 회사의 비전이 단지 회사를 위한 것이 아니라 구성원 개개인의 성취와 연결될 때 비로소 힘을 얻는다. 회사에서 열심히 일하여 자신이 꿈꾸는 미래를 이루는 것이 곧 나 자신의 비전을 이루는 일이라면 그 누가 그 일에서 보람을 느끼지 않을 것이며, 누가 성심성의를 다하지 않겠는가. 인간의 최고 욕구는 자기실현이기에 이는 무엇보다 중요한 요소라고 할 것이다.

이루어야 할 꿈, 만들고 싶은 미래, 비전이 있을 때 사람은 그 누구보다 의욕이 넘치고 에너지가 넘쳐난다. 반면 스스로가 그릴 수 있는 비전이 없고, 자신의 삶을 스스로 통제할 수 없다고 느낄 때는 무기력해질 수밖에 없다. 당연히 하는 일도 의미가 있을 수 없다. 그런 사람에게 매일 아침 출근길이 어떻겠는가?

리더는 구성원들과 비전을 공유하는 데 힘써야 한다. 그러므로 비전을 만드는 과정에서부터 실현되는 모든 과정에 구성원 전체가 참여해야 한다. 비전을 나누는 것은 바로 행복을 나누는 것이기에 사명감을 가져야 한다.

조직 구성원도 스스로 비전에 의미를 부여하고 만들어가야 한다. 혹시라도 조직의 비전과 나의 가치관이 너무 다르다는 괴리감이 느껴진다면 작은 접점이라도 찾아내기 위해 노력해 보자. 의미란 내가 만드는 것이지 누군가 만들어줄 수 있는 것이 아니기 때문이다. 그렇게 했을 때 회사의 성공이 그저 회사만의 것이 아닌 나의 성공이 될 수 있고 일하는 보람과 행복을 느낄 수 있을 것이다.

지혜로운 경쟁자는 최고의 스승이다

현재 국내 굴지의 사료업체들에는 우리 회사 출신 인재들이 경영진으로 포진해 있다. 솔직히 한때의 동지가 경쟁자가 된다는 생각에 마음이 좋지 않았던 적도 있다. 그러나 우리의 인재들이 경쟁업체로 나가는 것은 어떤 면에서 업계를 키우는 '진출'이라고 볼 수 있다는 생각에 이르자 오히려 자랑스러워졌다.

실제로 그들은 우리의 방식을 새로운 조직에 수혈하고 키우기 위해 노력한다. 당장은 그 조직에 정착되지 않아도 꾸준하게 추진한다고 한다. 그만큼 좋은 문화와 방식이 업계 전반으로 확대된다는 의미이니 내가 바라던 바가 실현되는 셈이라고 생각한다.

마찬가지로 인재 유출, 기술 유출에 대해서도 우리는 큰 걱정을 하지 않는다. 사고를 전환하면 그것은 유출이 아닌 진출이니 말이다. 그렇기에 오히려 적극적으로 경쟁업체를 컨설팅해주며 우리의 기술을 나누고 있다.

주변에서는 "무모한 일이 아니냐?"라며 우려하기도 했지만 우리는 흔들림 없이 우리가 해야 할 일을 하고 있다. 사실 이것은 우리가 자신이 있기 때문에 가능한 일이다.

아무리 똑같은 기술을 나눈다고 해도 같은 결과물이 만들어지는 것은 아니기 때문이다. 기술은 그야말로 기술일 뿐, 그 기술을 운용하는 사람이 어떤 자질, 어떤 능력을 가졌는가에 따라 똑같은 원천기술이라도 각기 다른 결과물을 만들어낸다. 다시 말해 기술은 하나이지만 그것을 움직이는 사람에 의해 수만 가지의 형태가 될 수 있다는 말이다. 그럼에도 이런 기술을 전수함으로써 업계는 전반적으로 한 단계 성장할 수 있다. 우리의 씨앗이 경쟁기업, 나아가 이 업계에 통용된다면 더 이상 좋은 일이 있겠는가?

경쟁을 지혜롭게 활용하면 레이스는 더욱 흥미진진해지고 재미있어진다. 그렇기에 항상 승자 옆에는 그와 치열하게 승부를 겨루는 경쟁자가 있는 것이다. 예컨대 피겨여왕 김연아 선수에게는 최대의 경쟁자 아사다 마오 선수가 있었고, 20세기 미술을 대표하는 피카소에게는 마티스라는 최고의 동지이자 경쟁자가 있었다. 이렇게 경쟁이란 서로를 채찍질하며 상호 성장을 가져오는 요소로 작용할 수 있다.

요즈음 애플의 아이폰 열풍으로 인해 달아오른 스마트폰 시장에서도 이런 경쟁은 얼마든지 있다. 삼성을 비롯한 경쟁업체들도 아이폰에 도전하며 빛나는 제품을 선보이고 추격전을 벌이고 있지 않은가. 그렇게 경쟁하면서 애플은 한 단계 더 도약할 것이고, 그들의 방식은 오리지널리티를 가지며 업계 전반에서 결코 무시할 수 없는 강력한 룰이 되는 것이다.

운동선수들의 경우도 선의의 경쟁이 없으면 승부를 내는 것이 어렵다고 입을 모아 말하고는 한다. 마라톤 선수들이 가장 힘들어하는 순간이 언제인지 아는가? 험난한 코스, 악천후, 체력적인 고통 등 수많은 순간이 모두 어려움을 느끼게 할 것이다.

그런데 정작 그들이 말하는 가장 힘든 순간은 경쟁자 없이 외로운 레이스를 펼쳐야 할 때라고 한다. 함께 달리는 사람이 없을 때는 그만큼 긴장도 풀어지고, 더 지치기 때문이란다. 선의의 경쟁을 펼치는 경쟁자가 있으면 기록도 더 잘 나온다고 하니 경쟁을 지혜롭게 활용하는 것이 더 나은 결과를 이끈다는 방증일 것이다.

우리나라 사료업계 역시 자율경쟁을 통해 확장되고 성장했다. 우리나라는 식품에 대해 지금까지도 식량안보 차원에서 정부가 보호를 하는 것과 달리 사료사업 부분은 사업이 시작되던 초창기부터 자유경쟁에 맡겨두었다. 덕분에 우리나라 사료시장에는 일찌감치 글로벌 기업들이 진입했다. 여기까지만 듣는다면 대개는 '아직 무르익지 않은 시장에 거대 자본을 가진 글로벌 기업들이 진출했으니 악재였겠구나'라고 생각할지도 모른다. 하지만 실제로는 우리나라 축산의 발전 동력으로 작용했다. 서로를 의식한 치열한 경쟁이 사료업계 전반의 수준을 높여주어 국제적인 수준의 경쟁력을 갖출 수 있게 한 것이다. 경쟁 속에 발전이 있고, 결국 최종 이익은 소비자에게 돌아간 셈이다.

경쟁은 살아가면서 피할 수 없는 것 중 하나이다. 이것은 국가, 기업, 그리고 개인에게도 당연히 해당되는 이야기이다. 학교와 회사뿐일까? 때로는 형제끼리, 친구끼리도 경쟁을 해야 할 때가 있다. 그런데 경쟁을 경쟁 그 자체로만 받아들이고 의식한다면 정말 피 말리는 싸움으로 인식할 수밖에 없어진다.

우리가 늘 경쟁 속에서 살아가야 한다면 경쟁에 대한 개념을 달리 이해해보면 어떨까? 경쟁이 주는 스트레스에만 사로잡히지 않고 경쟁이 주는 기분 좋은 성취감에 집중해보는 것이 어떻겠냐는 말이다.

나를 뒤쫓는 경쟁자가 있고, 또 내가 따라잡아야 할 대상이 있는 덕에 나 자신이 조금씩 성장하고 더 나은 길을 찾아갈 수 있다고 생각하면서 그 자체를 즐길 수 있다면 진정한 발전이 가능할 것이다.

경쟁을 지혜롭게 받아들이자. 기왕이면 즐기면서 높이 뛰어오르기 위한 발판으로 삼아보자. 머리가 지끈거리게 하던 스트레스가 오히려 에너지로 전환되는 경험을 하게 될 것이다.

내일을 미리 준비하며 꿈의 세계를 넓히는 사람에게 기회는 언제든 찾아오게 마련이다. 항상 나의 미래를, 나의 다음 세계를, 그리고 우리의 미래를, 우리의 다음 세계를 고민하고 찾아간다면 당신의 삶은 무엇과도 바꿀 수 없는 희망과 기쁨으로 넘칠 것이다.

5장

꿈과 미래를 나누는 삶을 살아라

미래 비전이 최고의 인생 나침반이다

경영자의 가장 큰 덕목 중 하나로 비전을 제시하고 이를 조직에 설파하는 것을 꼽는다. 그만큼 비전이나 미션이라는 말이 박제화되어 있다는 느낌도 지울 수 없다. 하지만 조직의 힘을 하나로 모아 앞으로 나아가는 데 비전만큼 힘을 발휘하는 것도 드물다. 비전은 개인의 인생 전반을 두고도 중요하게 영향을 미친다.

우리 회사에서도 이런 경험은 무수히 많다. 그중에서도 특히 대만에서의 사업을 생각하면 비전과 꿈이 얼마나 중요한지를 다시금 생각하게 된다.

카길이 대만에 진출한 것은 39년 전으로 대만의 국영기업이던 타이완슈거와 합작법인을 만들어 카길이 경영을 맡아 이끌어왔다. 회사는 끊임없이 성장해 카길 그룹 내에서도 경영이 우수하고 성적이 좋은 사업체로 꼽혔고, 많은 경영자들이 그곳에서 배출되었다. 그런데 예기치 않은 불행이 닥쳤다. 1997년 대만에 구제역이 번지며 양돈업계가 초토화된 것이다. 이로 인해 카길 타이완의 사업 규모도 절반으로 줄어버렸다.

시장 환경이 열악하다 보니 사업은 쉽게 제자리로 돌아가지 못했다. 그렇게 10여 년을 보내는 동안 그토록 뛰어나던 경영 실적도 시름시름 힘을 잃어갔고, 직원들의 활력도 예전 같지 않아졌다. 여기에 더해 경영진들은 또 하나의 고민에 직면하게 되었다. 경영 중이던 2개의 공장이 30년을 넘어서며 나이가 많은 직원들의 비율이 늘어갔고, 이는 임금이 높은 구성원이 많아진다는 것을 의미했다. 사업은 신통치 않은데 인력 비용은 늘어나고, 그렇다고 그동안 열심히 일해온 사람들을 가차 없이 내보낼 수도 없는 일이고, 시장은 회복될 기미가 보이질 않으니 그야말로 딜레마에 빠져버렸다.

그렇게 고전 중이던 대만 사업을 몇년 전 내가 맡게 되었다. 처음 대만 팀을 방문했을 때의 인상은 현상 유지에 급급한 평범한 회사였다. 직원들은 물론이고 회사 전체에 활력이라고는 찾아보기 어려웠다. 그나마 다행인 것은 워낙 경영을 잘해왔던 과거의 경험이 있기에 직원들이 여전히 회사에 대한 자부심을 가지고 있다는 점이었다. 뿐만 아니라 스스로 달성해낸 과거의 성과에 대한 자부심도 매우 컸다. 문제는 아무리 보려고 해도 미래가 보이지 않는 현재였다.

나는 그들과 무엇을 할 수 있을지 고민했다. 고민 끝에 내린 결론은 당장의 실무가 아니라 우리가 함께 꿈꾸고 이뤄내야 할 미래와 비전을 찾는 것이라고 생각했다. 나는 대만 팀 구성원들을 모아놓고 이렇게 말했다.

"여러분이 현재 어려운 상황이라는 것을 압니다. 그러면 여러분의 10년 후 자화상은 어떤 모습입니까? 그것이 어떤 모습일지 누구도 대신 말해줄 수 없습니다. 바로 여러분 자신이 스스로 자화상을 그려보아야 합니다. 그러니 10년 후의 여러분을 그려보십시오. 지금, 현재에만 얽매이지 말고, 10년 뒤 우리 회사가 어떤 회사가 되었으면 좋겠는지 함께 이야기 나눠보시기 바랍니다."

나는 다음번에 그 자화상에 대해 이야기해보자고 하며 과제만 던져 놓고 돌아왔다. 어쩌면 아무것도 달라지지 않을 수도 있었지만 나름의 승부수였다. 그들이 가지고 있는 성공의 경험이 분명히 그들을 미래로 가는 기차에 탑승하도록 도와줄 것이라는 믿음이 있었기에 그리 할 수 있었다.

마침내 다시 대만을 찾았을 때 회사는 신기하리만큼 달라져 있었다. 내가 던진 화두를 잡고 그들은 대화를 시작했고, 10년 후의 자화상을 나름대로 그리기 시작했다. 나는 그들에게 "여러분들이 그리고 있는 모습을 조금 더 구체화해보라"고 권했다. 또 글로 써서 비전을 만들어보라고 했다. 이 방식은 한국 팀에서 했던 것과 동일한 방법이었다. 나는 우리가 그랬던 것처럼 대만팀도 경영진과 구성원이 참여하며 비전을 만드는 일을 해낼 수 있고, 또 그것을 통해 한 단계 성장할 수 있으리라 확신했다.

대만 팀은 비전을 만드는 과정에서 미래에 대한 확신을 갖게 되었다. 그러다 보니 현재를 보는 시각도 완전히 달라졌다. 인력이 남아돌아 고민이었는데 이제는 오히려 사람이 부족해 고민하게 되었다. 그들이 세운 10년 후의 목표를 실현하려니 지금의 인력으로는 턱없이 부족하다는 결론을 얻은 것이다.

오래 근무한 직원의 임금이 높아 비용 부담이 큰 사람으로 인식하던 것도 바뀌었다. 오히려 경력이 있는 그들이 귀한 존재로 인정받게 되었고, 그들 스스로도 마음가짐이 달라졌다. 일자리를 빼앗길까 두려워 젊은 직원들에게 기회를 주기 꺼려하던 이들이 자진해서 후배들에게 일을 물려주고, 자신은 비전을 실현하기 위해 새로운 일에 몰두하며 연구하고 고민하기 시작한 것이다.

말 그대로 작은 생각의 변화가 이렇게 많은 것을 바꿔버린 것이다. 이제 대만 팀은 과거의 영예를 되찾아가고 있다. 수익도 2배로 증가했고, 자신들이 키워낸 인재들을 다시 해외에 배출하고 있다. 대만 팀의 성장은 여전히 현재진행형이다. 나는 그 미래가 무척 밝을 것이라고 확신한다. 미래에 대한 행복한 상상, 확고한 믿음이 분명 커다란 에너지를 선사하기 때문이다.

요즘은 대만 팀이 이뤄낸 것처럼 멋지게 성공을 거둘 수 있으리라는 확신을 가지고 인도 사업팀에 각별한 애정을 쏟으며 지켜보고 있다. 인도 사업팀은 3년 전에 사업을 시작했다.

인도 팀 역시 초기 단계의 개척자들이 부딪히는 어려움을 고스란히 겪어내며 사업을 진행하고 있다. 파견된 리더와 팀원들은 음식도 맞지 않고 무더위에 시달리는 환경에서 여러 어려움을 감수하고 있다. 그러면서도 비전과 강인한 정신력으로 잘 버티고 있다.

어디든 시장 개발의 초기 단계에는 비용이 많이 들어가는 반면 수익은 쉽게 나지 않는다. 예상은 했지만 현실에 부딪치면 마음이 위축되게 마련이다. 스스로 위축되다 보면 눈앞의 현실만 보게 되고, 집착하게 되어서 돈 한 푼을 쓸 때도 움츠러든다. 뿐만 아니라 다른 업체와도 비교하게 된다. 이미 오래전 인도에 들어와 기반을 잡고 성과를 내고 있는 업체들을 보면 스스로가 더욱 작아 보일 수밖에 없다. 우리는 아직 제대로 된 공장도 없고, 사무실도 한쪽을 빌려서 쓰는 상황이니 초라해 보이기까지 한다. 자신감도 사라지고 모든 것이 부정적으로만 느껴질 수밖에 없다.

하지만 우리에게는 꿈이 있다. 어려움에 직면할 때마다 우리는 꿈을 이야기했다. 2020년이 되면 어떤 모습으로 성장해 있을지 청사진을 그리며 함께 꿈을 나누었다. 리더 한 사람이 아니라 구성원 모두가 함께 비전을 공유하고 그것을 반복해 이야기하다 보면, 어느새 신념이 가슴을 물들이고, '할 수 있다'는 자신감까지 생기는 것이다. 나는 그들이 세운 비전을 분명히 달성할 수 있으리라 믿어 의심치 않는다.

조엘 오스틴 목사의 《긍정의 힘》이라는 책에 '비전을 키우라'는 지침이 나온다. 그는 자신이 만들고 싶은 미래의 자화상을 그리며 비전을 크게 가지라고 권한다. 나는 그것의 힘을 안다. 비전은 단순히 미래를 위한 것이 아니다. 바로 지금 이 순간 내가 살고 있는 현재를 위한 것이다. 가슴에 뜨거운 비전을 품는 순간, 내가 살아가는 현재와 내가 두 발을 딛고 있는 이곳이 드라마틱하게 바뀐다.

나는 사업뿐 아니라 미래를 어떻게 살아갈 것인지 늘 고민하고 계획한다. 무엇을 나누고, 무엇을 준비할 것인지, 내가 반드시 해내고 싶은 일은 무엇인지 고민하는 것이다.

내가 하는 일의 비전이 단단할 때, 인생의 비전이 밝고 희망찰 때 그 비전은 모든 것의 가치를 바꾸어놓는다. 어려운 일이라도 더 즐겁고 행복하게 해낼 수 있게 되는 것은 물론이고, 아무리 사소한 일이라도 의미를 부여하게 됨으로써 가치가 생기기 때문에 보람을 주는 것이다. 비전은 이렇게 거대한 힘을 가졌다.

그만큼 미래에 대한 비전은 내가 하는 일에 그 어떤 것과도 바꿀 수 없는 크고 아름다운 가치를 부여해준다. 우리는 눈앞에 보이지 않는 미래를 마음속에 그릴 수 있다. 그곳에 불가능은 없다. 비전이 지도와 나침반이 되어 우리가 지금 서 있는 곳의 좌표를 알려줄 것이다.

마하트마 간디의 말을 빌려 나 자신에게, 그리고 나와 함께 길을 걸어가고 있는 모든 사람들에게 이렇게 말하고 싶다.

"당신이 원하는 것을 꿈꾸고 창조하라. 그리고 그것을 가슴속에 영원히 간직하라. 그리하면 그것은 현실이 되어 당신 앞에 나타나리라."

멀리 가려면 천천히 보폭을 맞춰 함께 가라

얼마 전 방송되었던 〈거상 김만덕〉이라는 드라마의 마지막 회는 무척이나 긴 여운을 남겼다. 내용은 이러했다. 제주에 대기근이 닥치자 만덕은 자신의 전 재산을 풀어 육지에서 쌀을 구해 와서는 빈사 상태의 제주민들을 구제한다. 장사 밑천이 하루아침에 사라졌지만, 만덕은 자신이 잃은 것은 아무것도 없다고 했다. 장사의 밑천은 사람인데 사람을 잃은 적이 없으므로 결국 잃은 것이 없다는 의미였다. 리더로서 존경받아 마땅하다는 마음이 들었다.

나는 가진 사람이 나누는 것을 미덕으로 삼고 이를 실천해가야 한다고 믿는다. 그것은 애초에 내 것이 아니었던 것을 내가 취했으니, 받은 만큼 당연히 돌려주어야 한다는 마음이기도 하다.

사실 미국 등에는 이런 사회환원이 상당히 활발하게 이루어지고 있다. 기업가, 나아가 기업들이 자신이 가진 부를 사회에 돌려주며 함께 나누는 모습을 어렵지 않게 찾아볼 수 있다.

예를 들어 미국에는 카네기 도서관이 있는 마을이 많다. 어느 공동체든 도서관 운영비만 스스로 충당할 수 있다면 카네기 개인 재산으로 도서관 건물을 무상 지원 받을 수 있기 때문이다. 이 사업은 기업가 앤드류 카네기가 자신의 부를 나누기 위해 살아생전 그렸던 비전 중 하나였다. 그 후 마이크로소프트의 창립자 빌 게이츠가 1990년대 말 모든 도서관에 무상으로 인터넷을 설치해준 덕분에 카네기 도서관들은 또 다른 혜택을 얻을 수 있었다.

다행히 우리나라도 요즘은 기부문화가 확산되고, 기업들도 사회적 책임을 중요시하며 사회공헌에 많은 관심을 보이고 있다. 실로 반가운 일이 아닐 수 없다.

나는 기업에게 있어 사회공헌은 선택의 문제가 아닌 반드시 짊어져야 할 책임이라고 생각한다. 기업이 존재하기 위해 가장 기본이 되는 터전은 사회이고 민주주의이다. 다시 말해 시장이 기반이라는 의미이다. 그러니 시장을 이루는 고객, 사회구조의 기층이 되는 대중의 기반이 단단해져야만 기업도 성장할 수 있다.

이런 순환구조를 생각해볼 때, 기업이 자신이 뿌리내리고 있는 사회가 더 살기 좋은 곳이 되도록 하는 데 나서는 것은 너무도 자명한 이치이다. 존재 기반을 위한 최소한의 책임이고 필수적인 행동이라는 말이다.

나 역시 이런 의식을 바탕으로 우리 회사가 좀 더 널리 사회공헌을 할 수 있는 기반을 만들기 위해 노력해왔다.

IMF가 한창 몰아치던 1997년, 우리는 비영리 문화재단인 애그리브랜드퓨리나 문화재단(현, 카길애그퓨리나 문화재단)을 만들었다. 그해는 퓨리나 코리아가 창립한 지 30년이 되는 해였다. 문화재단 설립은 '질 좋은 단백질 식품을 가장 값싸게 생산해 국민건강에 이바지하고 농촌발전에 공헌한다'는 회사의 기업 이념과도 부합되는 일이었다. 주요 고객인 축산농민들이 보내준 사랑과 우리 사회의 지원으로 회사가 이만큼 발전했으니, 이제 회사가 수익의 일부를 사회에 환원해야 한다고 생각한 것이다.

한 가지 덧붙여 기업에는 성장과 이익이라는 1차적 목표 외에도 조직 구성원 개개인에게 보람과 자부심을 심어줄 수 있는 '고상한 목표'가 있어야 한다고 생각했다. 바로 '좋은 시민'으로서 기업의 역할이다. 그런 의미에서 보면 비영리 문화재단은 우리 회사가 '좋은 기업시민'이 될 수 있는 절호의 기회라고 판단한 것이다.

하지만 문화재단이 설립되기까지는 무수한 과제를 해결해야 했다. 말 그대로 넘어야 할 산이 많았다. 당시만 해도 국내

기업들 사이에 사회공헌에 대한 인식이 부족하던 때였다. 그런 상황에서 기업이 재단을 설립한다고 하니, 색안경을 끼고 바라보는 시각이 많았다. '세금을 포탈하기 위한 수단이 아닌가?' 하는 의심도 받아 정부에서도 얼마나 규제가 많았는지 모른다.

대외적으로는 외국투자 기업이었기에 본사를 설득해야 하는 문제도 있었다. 당시만 해도 글로벌 기업의 로컬 CEO가 현지인인 경우가 드물었기 때문에 본사에서는 한국 경영자를 사장으로 세웠더니, 그때까지 어떤 사장도 요청하지 않았던 문화재단 사업을 요청한다며 껄끄럽게 생각하는 임원들도 있었다. 실로 만만치 않은 일이었다.

나는 서두르지 않았다. 대신 우리의 할 일을 해나갔다. 그 후 몇 년간 우리는 영업 목표를 초과달성한 후, 그 초과분을 문화재단에 투자해줄 것을 끈질기게 설득했다. 1994년부터 기획해 본사를 설득하기 시작해 장장 3년 동안 설득하고 설득한 끝에 승인을 얻어냈다.

물론 처음부터 우리가 투자를 요청한 전액을 지원받지는 못했다. 투자승인을 받은 첫해 우리는 재단 설립에 필요한 10억 원 중 5억 원의 투자를 받아냈다. 실망하고 아쉬워할 수도 있었지만 실망 대신 가능성과 희망을 찾았다고 좋아했다. 그리고 다시 목표 실적을 2년 연속 초과달성함으로써 본사를 완벽하게 설득할 수 있었고, 비로소 재단을 설립할 수 있었다.

이후 2001년 카길이 퓨리나 코리아를 인수한 뒤에도 우리는 계속해서 재단을 이어갈 수 있었다. 카길은 우리에게 비영리 문화재단이 있다는 사실을 크게 반겼고, 우리의 사회적 기여를 높이 평가해 이런 전통을 유지하고 확장할 수 있도록 적극적으로 지원했다.

재단에서는 매년 축산 및 사료 분야의 기술, 연구 분야에 큰 공헌을 한 축산, 수의, 사료업계 인사들과 관련 단체를 선정해 '카길애그리퓨리나 축산사료 연구기술대상'을 시상하고, 국내외 축산 관련 분야에 재학 중인 고등학생과 대학생, 대학원생 중 학업성적이 우수한 인재들을 선발해 장학금도 지급한다.

카길 그룹 내 봉사단체인 카길 케어스 카운슬(Cargill Cares Council)과도 연계해 고아원, 양로원 등 복지시설에 기부도 하고, 사회봉사활동도 하고 있다. 금전적인 후원 외에도 매년 100여 명의 직원들이 일주일 동안 '사랑의 집짓기(Habitat)'에 참여하여 '번개 건축'과 '토요 건축' 역시 지원하고 있다.

이러한 활동은 우리 고객들인 특약점과 사업소에까지 영향을 미쳤다. 고객들 역시 자신이 사업을 펼치는 지역사회에서 공헌활동을 하게 된 것이다. 우리는 이 같은 활동에 적극적으로 지원하고 있다. 나눔의 가치가 순환하고 있는 셈이다.

우리의 이런 활동은 궁극적으로 회사를 알리고, 이미지를 높이는 데 큰 도움을 주었을 뿐만 아니라 사회적으로도 잔잔한

반향을 일으키고 있다고 생각한다. 물론 우리의 사회공헌 활동은 재벌그룹에서 수백억, 수천억 원을 출자하는 것과는 비교도 안 될 만큼 작은 수준일지도 모른다.

하지만 아무리 작은 일이라도 우리가 사회를 위해 할 수 있는 일을 찾고 도움을 줄 수 있다면, 내가 속한 분야에 기여할 수만 있다면, 그 의미만큼은 재원 규모와 관련 없이 귀중하고 클 것이라고 생각한다.

나아가 이러한 활동들이 앞서 말한 대로 긍정적인 선순환구조를 통해 우리에게 돌아올 것이라는 믿음도 있다.

고객이 똑똑해진 오늘날에는 과거와 달리 고객들이 편리와 편익만을 찾아 제품을 구매하지 않는다. 이제는 기업 브랜드와 가치가 최우선의 기준이 되었다는 것이다. 다시 말해 이 기업의 제품이라면 믿고 쓸 만하다는 신뢰, 이 기업은 좋은 일을 많이 하니 나도 한몫 거들 수 있다는 의지가 투영된다는 의미이다.

다시 강조하지만 사회를 떠나 성장할 수 있는 기업은 없다. 마찬가지로 사람을 떠나 성장할 수 있는 기업은 그 어디에도 없다.

아프리카 속담에 '빨리 가려면 혼자가고, 멀리 가려면 함께 가라'라는 말이 있다. '외나무가 되려거든 혼자 서고, 푸른 숲이 되려거든 함께 서라'라는 말도 있다. 이 사회에 뿌리내려 푸른 숲을 만들어 오래도록 함께 성장하고 싶은 모든 기업이 금과옥조로 여기고 가슴에 새겨야 할 말이라고 생각한다.

기쁘게 나누고, 사랑으로 보듬어 함께 성장하는 것이야말로 기업과 기업 구성원들이 추구해야 할 가치 있는 일이기 때문이다.

큰 꿈을 꾸면 크게 이룰 수 있다

2001년, 카길과 합병한 지 불과 한 달쯤 되었을 때 카길 본사 회장단이 중국으로 날아왔다. 당시 카길 역시 전장과 자싱 두 지역에서 대규모의 공장을 운영하고 있었다. 중국 시장에 큰 비전을 가지고 거액을 투자한 공장들이었는데, 공장 건립 이래 계속 적자를 내고 있었고, 자본금은 거의 잠식된 상태였다. 퓨리나 본사 경영진이 그랬듯, 카길의 경영진도 중국 시장 자체에 회의를 느끼고 있었다.

상하이에서 회의를 마친 뒤 나는 회장단을 모시고 옌타이 공장으로 향했다. 거액을 투자한 카길 공장과는 비교가 안 될 만큼 작은 규모였다. 그러나 공장을 둘러보는 회장단의 분위기는 심상치 않았다. 우리 직원들의 열정적인 모습, 일에 몰입하는 태도가 그들의 눈을 사로잡은 모양이었다.

그날 오후 회장단은 다시 전용기로 김포공항으로 왔다. 그들은 그 길로 카길 동물영양사업부의 전 세계 공장 중 가장 큰 규모를 자랑하는 송탄 공장으로 향했다. 회장단은 그날 하루 동안 제일 작은 공장과 제일 큰 공장을 본 셈이었다. 답사를 마치고 나는 그들에게 우리의 2010년 비전을 밝혔다.

그때 우리는 모두 함께 우리가 만들고자 하는 미래를 그리고, 그 방향으로 함께 달려가고 있었다. 나는 한국과 중국 사업의 미래에 대해 구체적인 계획과 비전을 설명했다. 예상 수익과 생산량까지 우리가 그리는 미래를 생생하게 보여주었다. 프리젠테이션이 끝나자 그룹 회장이 옆에 있던 부회장에게 물었다.

"지금 김 회장이 말한 것이 그대로 실현되면 미국보다 더 커지는 것 아닙니까?"

그랬다. 나도 그때 처음 알았지만 우리의 비전은 미국보다 더 큰 규모로 성장하는 것이었다. 나는 끝으로 우리의 요구사항을 이야기했다.

"무조건 큰 공장이 필요하다는 것이 아닙니다. 돈을 많이 달라는 것도 아닙니다. 다만 성공적인 비즈니스 모델과 인재에 아낌없이 투자해주십시오."

우리의 마음과 열정이 전해졌는지 회장단은 미국 본사로 돌아간 뒤 바로 우리 한국 팀에게 카길이 가지고 있던 2개의 중국 공장 경영을 맡겼다. 무언가 해낼 수 있다는 강인한 의지가 샘솟는 순간이었다. 하지만 대규모 공장의 경영을 맡는 것이 마냥 좋은 일만은 아니었다. 당시 퓨리나에서 경영하던 옌타이, 푸순, 랑팡, 청두 등 4개의 공장에서는 이미 수익을 내고 있었다. 하지만 막대한 적자를 내고 있는 대규모 공장을 2곳이나 맡고 나니 중국 전체 공장 수익이 갑자기 적자로 뒤바뀐 것이다.

하지만 우리는 주저하지 않았다. 시간은 걸리겠지만 반드시 정상궤도로 올려 흑자로 전환할 수 있을 것이라는 믿음이 있었다. 다른 공장이 그러했듯 성공과 승리의 경험이 분명히 우리에게 큰 자산이 되어줄 것이라고 생각했기 때문이다. 그렇게 믿고 끈질기게 노력한 끝에 적자였던 공장들에서 수익이 나기 시작했다. 그리고 우리가 공언한 2010년, 마침내 중국에서만 21곳의 공장을 가동하게 되었고, 중국 사료사업부 전체에서 최대의 흑자를 내는 성과를 이루었다.

10년 전 카길 그룹 회장이 무심결에 물었던 "미국보다 더 커지는 것 아니냐?"라는 질문이 현실이 된 것이다. 2010년, 우리는 10년 전 우리가 세웠던 목표치를 모두 달성했고, 한국과 중국에서 이룬 사업 성과는 카길 동물영양사업부 전체 매출에서 중요한 부분을 차지하고 있다. 미국의 사업 성과를 훨씬 뛰어넘는 수치이다.

아무도 예상치 못했고, 우리조차 몰랐지만 그저 우리가 원하는 바를 담대하게 꿈꾸고, 그 꿈을 향해 함께 달려왔기에 거둘 수 있었던 성과였다.

인생의 어느 순간 우리는 꿈을 잃어버리고 사는 것은 아닌지 돌아보면 좋겠다. 꿈은 그 자체로 매력적일 뿐 아니라 강한 에너지원이 되고, 나 자신을 성장시키는 토양이 된다. 다소 부풀려진 꿈이면 어떠한가. 꿈을 꾸는 데 돈이 드는 것도 아니니 이왕이면 꿈은 크게 꿀 일이다. 그리고 그 꿈을 실현하기 위한 작은 꿈들로 일상을 채워가면 큰 꿈을 분명히 이룰 수 있을 것이다. 크게 꿈꾸고 그 꿈의 미래를 그려보자. 일상이 나날이 새롭고 행복해질 테니 말이다.

정성을 다해 세상에 빛이 되는 일을 하라

카길 그룹 경영진들은 매년 로체스터라는 작은 도시의 지정 병원에서 건강검진을 받는다. 작은 도시이지만 세계 최고 수준의 병원들과 검진예방 치료센터가 있어서, 미국 전역과 세계 각지에서 사람들이 몰려오는 곳이다.

2004년, 나 역시 건강검진을 위해 로체스터에 갔다. 다음 날부터 시작되는 검진을 앞두고 우리는 저녁을 먹으며 온통 건강에 대해 이야기를 나누었다. 저녁식사 후 호텔방에 들어섰을 때 한국에서 전화가 걸려왔다. 아내가 떨리는 목소리로 어머님의 임종소식을 전했다. 나는 바로 공항으로 달려가 가장 빠른 비행기로 귀국했다. 조금 전까지 내 몸에 대해 염려하며 한 말들이 부끄러웠고 공허하게 느껴졌다.

내 부모님은 근검절약이 몸에 배인 분들이었다. 몸이 편치 않으신데도 항상 지하철을 타고 다니며 자신을 위해서 쓰는 1원도 아끼셨다. 그러면서도 어려운 이들을 돕는 데는 거금을 쾌척하셔서 가족들을 놀라게 하셨다. 학교에 도서관을 만들어 기증하시고, 어려운 노인들을 위해 기부도 하시고, 장학금 지원도 하셨다.

아버지는 원칙이 분명하신 분이었다. 어느 학교에 장학금을 지원하시며 어려운 학생들에게 주라고 말씀하셨는데, 그 교장선생님께서 공부를 잘하는 학생들한테 장학금을 줬던 모양이다. 그 사실을 알게 된 아버지는 학교로 찾아가셔서 반드시 어려운 학생들한테 장학금을 주라며 재차 다짐을 받고 돌아온 일도 있었다. IMF 때는 기술 개발을 해놓고도 자금이 막혀 어려움에 처해 있는 중소기업 사장의 안타까운 사연을 TV를 통해 보시고는 거기까지 물어물어 찾아가셔서 수천만 원을 건네고 오신 일도 있었다.

어머니도 그리 다르지 않으셨다. 어머니는 작고하시기 전 오랫동안 지병을 앓으셨지만 평생을 검소하게 사셨다. 병환 중에도 형편이 어려운 노인들에게 무료식사를 제공하는 노천교회에 정기적으로 나가 마음을 보태셨다. 우리 형제들은 어머님의 장례를 치르며 많은 분들이 보내주신 조의금을 생전에 봉사하셨던 곳에 기증해 더 많은 분들이 따뜻한 식사를 하실 수 있도록 했다. 이런 부모님 덕분에 오늘의 우리가 있는 것이니 어머니의 뜻을 따르는 것이 당연한 도리라고 생각했다.

부모가 되기 전에는 부모의 마음을 온전히 이해하지 못한다고들 한다. 은퇴를 앞두고 있는 지금, 이제야 은퇴 후에도 부지런히 일하시며 세상을 위해 나눔을 실천하신 부모님의 마음이 손에 잡히듯 느껴진다.

나와 우리 회사 직원들은 항상 "나의 다음 해야 할 일은 무엇인가?"라는 질문을 가슴에 안고 살아간다. 나 역시 오래전부터 은퇴 이후의 인생에 대해 생각해왔다. 그러다 보니 앞만 내다보는 것이 아니라 자연스럽게 지금껏 내가 살아온 삶을 돌아보게 되었다. 찬찬히 돌아보니 생각지도 못했던 일들이 하나둘 떠올랐다. 지금껏 나는 열심히 하루하루를 살며 스스로 내 삶을 만들어왔다고 생각했다. 하지만 막상 지나온 날들을 돌이켜보니 그게 전부는 아니었다. 인생의 순간순간, 굽이굽이마다 수없이 많은 사람들의 도움을 받았다. 가족, 동료, 사회로부터 너무나 많은 것을 받으며 오늘을 얻은 것이다.

혼자 이루었다고 생각했던 것도 실은 모두 다른 이들과의 관계 속에서 혹은 누군가의 헌신을 통해서 얻은 것이었다. 그런 사실을 깨닫고 나니 나는 어렵지 않게 나의 '다음'을 결심할 수 있었다.

바로 내가 그동안 받아온 것들을 돌려주는 삶, 그것이 나의 다음이었다. 내가 알고 있는 지식, 쌓아온 경험, 가지고 있는 부와 누리고 있는 혜택, 그 모든 것을 나누는 삶을 살겠다고 마음먹은 것이다. 내가 수많은 도움을 받았듯 나도 사람들과의 관계를 통해 내가 가진 모든 것을 나눌 것이다.

앞서 기업의 사회적 공헌에 대해서 말했다. 기업에게 있어 사회를 위해 공헌하는 것은 선택이 아닌 필수조건이라고 했다. 이는 기업에만 해당되는 일이 아니다. 개인도 사회 속에서 살아간다. 아무리 능력이 뛰어난 사람도, 아무리 가진 것이 많은 사람도 누군가의 도움 없이 혼자만의 힘으로 살아갈 수는 없다. 우리가 잠든 동안 거리를 깨끗하게 만들어주는 누군가의 손길, 안전하게 살아갈 수 있도록 질서를 지켜주는 누군가의 손길, 허기진 배를 채울 수 있도록 뜨거운 태양 아래 땀을 흘려준 누군가의 노력이 있기에 하루를 온전히 살아갈 수 있는 것이다. 그렇게 우리는 누군가의 도움 덕분에 행복하고 안락한 삶을 영위하고 있다. 그러니 내가 받은 것을 나누는 게 당연한 일 아닌가?

이미 우리 모두는 의식하지 못하는 사이에 무엇인가를 사회와 나누고 있을 것이다. 직장에서 맡은 일을 열심히 하며 공헌하고 있고, 이웃에게 따뜻한 배려를 하며 나누고 있을지도 모른다. 그 마음을 좀 더 넓게 확대해 더 적극적으로 나누는 삶을 살아보면 어떨까 싶다.

자신의 자리에서 최선을 다해 일하는 것도 사회에 대한 공헌이다. 그저 하루하루 마지못해 때우고 있다면, 그 일자리를 제공한 사회의 혜택을 저버리는 행위이다. 그런 마음으로 자신의 일과 삶을 대한다면 모든 일이 더 의미 있게 다가오리라 믿는다.

또한 우리가 의식하고 있는 모든 관계에서 우리가 받은 것을 나누는 일 또한 중요하다고 생각한다. 가족, 친구, 동료들과의 따뜻한 관계가 우리를 행복하게 만들어주었듯 그것에 감사하고 나 자신이 누군가에게 그런 존재가 되어준다면 행복은 점점 더 커질 것이다.

지금 이 순간 일과 삶에서 행복을 캐내고자 하는 이들에게 자신과 함께하는 모든 관계에 먼저 감사하라고 말하고 싶다. 그리고 그들과의 소중한 나눔을 일구어가기를, 또한 자신의 다음을 생각해보기를 바란다. 분명한 것은 내가 그러했듯 여러분도 행복해질 것이라는 사실이다.

씨앗을 뿌리고 가꾸고 키워나가라

얼마 전 CEO들을 대상으로 하는 국악 레슨이 있었다. 매주 한 번씩 10주 동안 진행되는 코스였으니, 깊이 배웠다고는 할 수 없지만, 국악의 향기를 맛볼 수 있는 기회였다. 12가지 과목 중 나는 '단가'를 선택해 배웠다. 춘향가, 사철가, 진도아리랑 등 한 번쯤 들어본 익숙한 작품도 있었지만, 제대로 배우고 보니 그 매력이 무엇과도 비교할 수 없이 그윽했다.

이른바 '단기속성' 학생들이었지만, 수료식을 할 때는 국립극장 무대에서 근사한 한복도 입고 졸업연주를 했다. 안숙선 명창과 황병기 음악감독이 함께 자리하여 공연도 관람하고, 친히 심사평도 해주었다. 그때 안숙선 명창이 해준 말이 오랫동안 여운을 남겼다.

"저는 평생을 우리 창극을 위해서 살아왔고 덕분에 명창이라는 이름도 받았습니다. 여러분은 불과 10주 동안, 그것도 출장과 바쁜 일정들 때문에 절반쯤은 결석을 하시면서 배우셨죠. 그래도 이렇게 멋지게 한 가락을 부르실 수 있게 되었으니 얼마나 좋으십니까."

순간 숙연해지면서 문화라는 것에 대해 다시금 생각하게 되었다. 안숙선 명창의 말처럼 문화란 하루아침에 만들어지는 것이 아니다. 저기 먼 옛날 뿌려진 작은 씨앗이 긴 세월을 거치면서 자라고 연마되어 오늘날의 문화가 된 것이다. 더불어 그녀처럼 평생을 그 씨앗이 틔운 싹에 물을 주고 아름드리 나무가 되기까지 그 곁을 지켜온 많은 분들의 헌신과 공헌 덕분에 명맥을 잇고 발전한 것이다. 다시 말해 과거와 현재가 한데 어우러져 더 깊고 멋진 문화가 탄생된다는 의미이다. 그런 덕분에 나 같은 문외한도 짧은 시간에 그 문화의 혜택을 볼 수 있었던 것 아닌가.

기업의 문화도 마찬가지이다. 기업문화는 하루아침에 이루어지지 않는다. 누군가 초석을 마련했다고 해도 그 위에 견고하게 벽돌 한 장 한 장을 쌓아가며 긴 세월을 이어갈 때 비로소 건강한 문화가 만들어진다. 그리고 이렇게 잘 가꾸어진 문화는 강력한 힘을 가지고 있다. 그래서 그 문화에 첫발을 내딛은 신입사원부터 오랜 세월 몸담아온 구성원까지 하나로 아우르는 에너지를 가지게 되는 것이다.

또한 문화는 생활이다. 지나온 역사 못지않게 현재의 삶이 녹아들고 적용되어야 한다는 의미이다. 아무리 잘 일으켜놓은 문화라도 리더와 구성원들이 그것을 매일매일 어떻게 가꿔가느냐에 따라서 엉뚱한 방향으로 변질될 수도 있다.

랄스턴 퓨리나의 창업주 윌리엄 댄포드 회장은 올바른 가치관을 가지고 균형 잡힌 삶을 살아가는 것을 항상 중시해왔다. 그는 '꿋꿋이 서자, 활짝 웃자, 깊게 생각하자, 떳떳이 살자' 라는 4가지 생활철학을 강조했는데, 이것은 퓨리나 시절부터 지금까지 우리 회사의 생활철학으로 자리 잡고 있다.

그러나 한동안 우리는 물론 퓨리나 본사에서도 창업자의 철학은 기록에나 남아 있을 뿐 생활에 적용하지 못했다. 세월이 지나며 여러 CEO들을 거치는 동안, '수익 창출' 에 치중한 나머지 구성원을 하나로 묶는 가치관의 강화에는 관심을 갖지 못했던 것이다.

나는 CEO로 취임하면서 잊혀졌던 창업주의 가치관을 살리기로 했다. 의미 있고 고귀한 생활철학이 우리 안에 있으니, 그것을 꺼내어 좋은 문화로 키워가고 싶었던 것이다. 나는 이 생활철학이 구성원 각자의 회사생활은 물론 일상생활에서도 뿌리내리고 살아 숨쉬기를 바랐고 이를 끊임없이 강조했다.

카길과의 합병 이후에도 이런 우리의 정신을 계속해서 유지하는 동시에 강화하였다. 합병한 모기업이 인수한 기업의 좋은 문화를 받아들이기 위해 노력했기 때문이다.

회사가 합병된 직후 카길 본사를 방문했을 때 큰 감동을 받은 일이 있다. 사료사업부 사장실 입구 벽면에 붙어 있던 액자 때문이었다. 그 액자에는 퓨리나의 생활철학이 한 글자도 다름없이 적혀 있었다. 카길은 퓨리나가 지닌 좋은 문화를 받아들이고 배워 합병된 '우리'의 생활철학으로 발전시키기 위해 본사에서부터 노력하고 있었던 것이다.

카길은 약 70여 개 회사를 합병하며 유기적인 성장을 거듭해온 다국적 기업이다. 자칫 개별적일 수도 있지만 놀랍게도 우리 회사는 그 어느 회사보다 하나되어 있다. 그것이 가능한 것은 문화적으로 '서로 존중하는 마음'이 뿌리 깊이 자리하고 있기 때문이다. 자신이 가진 것만을 고집하지 않고 다양성을 인정한다는 의미이다. 그렇기에 인수한 회사들이 가지고 있는 각각의 강점과 전 세계 다양한 지역들의 강점을 그대로 받아들이고 있다.

일례로 우리 회사에는 전 직원이 참여하는 체육대회가 있다. 체육대회의 이름은 '체커데이'다. '체커'는 퓨리나의 체크무늬 로고를 일컫는 말이다. 이처럼 합병한 기업의 옛 상징까지 고수할 수 있도록 존중해주는 기업은 찾아보기 어렵다. 카길은 그런 기업이다.

145년 전 창업자가 '약속한 것은 어떤 경우에도 성실히 지킨다'라는 신념으로 회사를 시작했고, 이런 문화는 지금도 행동규범의 기초가 되고 있다. 또한 '정직하고 성실한 자세, 서로 존중하는 마음, 헌신적인 섬김의 약속, 성공을 향한 열정'이라는 4가지 가치관은 카길이 성장하고 번영하는 데 토대가 된 기본 원칙이다.

이런 좋은 문화가 뿌리내리고 쌓여 있으니 기업이 발전하는 것은 당연한 일이 아닌가 싶다. 문화는 결코 어느 날 갑자기 생기지 않는다. 열심히 물을 주며 키워나가야 하는 것이다. 여기에는 리더의 역할이 무엇보다 중요하다. 문화가 생활 속에 공고히 자리 잡을 수 있도록 끊임없이 동기부여를 하고 실천해야 하기 때문이다. 만약 가족의 가치를 최상으로 놓는다면, 구성원들이 가족 때문에 사정이 생겼을 때 이해하고 수용해야 한다. 가족의 가치를 우선으로 하면서 회사 일에 가족을 희생하도록 하는 일이 반복된다면 그 가치와 문화는 뿌리내리지 못한다. 사람을 우선으로 한다는 가치를 지키기 위해서는 수익에 앞서 인재 한 사람 한 사람을 존중하는 태도를 지켜가야 그것이 문화가 되어 자리 잡는다.

한 가지 꼭 염두에 두어야 할 것은 문화가 손상되지 않도록 노력하는 일이다. 리더가 솔선수범하지 않으면 문화는 어느 순간 금이 가고 깨져버릴 수도 있다. 쌓아가긴 어려워도 무너뜨

리긴 쉬운 법이다. 그래서 후임자를 선정할 때도 그가 가진 능력이나 지식보다 좋은 문화를 잘 계승하고 발전시킬 수 있는지를 살펴야 한다. 우리 역시 이를 중요한 가치로 삼고 있다. 이렇게 하면 사업은 결과적으로 잘 따라오게 마련이다.

또한 문화를 심는 일은 비전의 기반과도 같다는 것을 잊지 않았으면 좋겠다. 문화라는 뿌리가 없으면 미래도 있을 수 없다. 뿌리가 깊은 나무는 흔들리지 않는다고 하듯 문화가 단단하게 뿌리내리면 그 어떤 미래도 거칠 것이 없다.

행복은 나누면 나눌수록 더 커진다

짐 콜린스의《좋은 기업을 넘어 위대한 기업으로》를 보면 좋은 회사를 위대한 회사로 키운 팀의 멤버들은 평생 동안 친구로 지내는 경향이 있다는 말이 나온다. 함께 일한 지 몇 년, 심지어 몇십 년이 지난 뒤에도 서로 연락하며 가깝게 지낸다는 것이다. 그들은 아무리 힘든 시절을 보냈다고 하더라도, 서로가 함께한 그 시절에 대해 즐거운 마음으로 추억했다고 한다. 심지어 그들은 마치 연애담을 나누듯 회사 이야기를 한다는 말도 덧붙였다.

나는 이 대목을 읽으며 미소를 지었다. 너무나 자연스럽게 우리 회사가 오버랩 되었기 때문이다. 재미있게도 우리 회사에도 OB모임이 있다. 회사를 떠난 지 오래된 사람들까지 한자리에 모인다. 은퇴를 한 분은 물론 이제는 경쟁사에서 선의의 경쟁을 하는 사람들까지 모여 마치 친정집 나들이나 동창회에 온 것처럼 편안하고 즐거운 마음으로 지난 시절을 추억하고는 한다. 임원진뿐 아니라 퓨리나가 한국에서 처음 열었던 김포 공장에서 근무하던 직원들도 지금까지 OB모임에 참여하고 있다. 1968년에 공장이 세워졌고, 1980년대 말에 그 공장이 문을 닫았으니, 놀라울 정도로 오랜 기간 동안 인연을 이어오고 있는 셈이다. 나는 그 모임을 볼 때마다 행복해진다.

공장을 이전하는 과정에서 서로 즐겁게 마무리를 할 수 있었기에 가능했던 일이라고 생각한다. 김포 공장은 산업이 발전하고 도시가 확장되면서 어쩔 수 없이 이전해야만 하는 상황에 놓였었다. 하지만 공장을 이전하기 위해서는 먼저 해결해야 할 과제가 있었다. 공장에서 근무하는 우리 직원들의 생활터전에 관한 부분이었다. 아이가 있는 직원들은 아이의 학교가 문제였고 집을 이사해야 하는 어려움도 있었기에 우리는 먼저 공장 이전의 필요성을 직원들에게 설명하고 이해를 구하며 여러 가지 제도를 새로이 만들었다.

그중 하나가 개인 사정이나 가족 문제로 이사를 못하는 직원들을 위해 조기 퇴직 프로그램을 만들어 다음 직장을 찾거나 새로운 일을 시작하는 데 도움을 주고자 한 것이다. 이로 인해 많은 직원들이 회사에 등을 돌리거나 하지 않고 아쉬움을 안고 퇴사를 하게 되었다. 오죽하면 공장이 문을 닫던 날 사람들은 너무나 안타까워하며 눈물을 흘리기까지 했다. 그리고 그때 퇴사한 사람들이 지금껏 서로 단단한 고리로 엮여 있으니 회사를 이끌어온 내 입장에서는 너무나 감사한 마음이 드는 것이다.

현직에서 근무하고 있는 우리 직원들 역시 회사 이야기를 할 때 마치 연애담을 늘어놓듯 즐겁기만 하다. 아니, 회사 이야기를 할 때뿐 아니라 회사 일을 하는 매 순간을 연애처럼 즐기는 듯하다. 실제로 우리 회사 직원들을 만난 분들은 입을 모아 말한다.

"아니 대체 어떻게 하면 이렇게 처음부터 끝까지 회사 자랑일 수 있지요? 회장님 자랑은 또 어떻고요. 진짜 놀랍습니다."

쑥스럽지만 어깨가 으쓱해질 정도로 기분 좋은 일이 아닌가.

우리는 즐겁게, 행복하게, 나누며 일하고 있다. 그리고 이런 문화가 우리나라 기업 곳곳에 퍼졌으면 좋겠다는 바람을 가지고 있다. 우리가 인재를 배출하는 것에 기뻐하고 감사하게 여기는 것도 다 이 때문이다.

10여 년 전, 본사와 공장의 전 직원들이 한 리조트에 모여 30주년 행사를 열었다. 열정적으로 일하는 우리 직원들의 근성은 이때도 반짝였다. 다른 기업들은 행사에 연예인들을 초대해 무대를 달군다지만, 우리는 직원들끼리 장기자랑을 벌이는 것만으로도 무대가 들썩였다.

얼마나 신나고 재미있게 즐겼는지 리조트에 놀러온 일반 투숙객들이 지나가다 우리 행사를 보고는 "지금 녹화하는 저 프로그램 언제 방송해요?"라고 물었다고 한다. TV 프로그램 녹화로 착각할 정도로 프로페셔널하고 멋진 행사를 치렀던 것이다. 더 재미있는 것은 그 질문에 답한 직원의 말이다. "아마 3주쯤 후에 나올 거예요."

우리 직원들은 이렇게 늘 재치와 유머가 넘친다. 회사생활이 즐겁지 않다면 불가능한 일일 것이다. 우리에게는 지위고하가 중요하지 않다. 언제나 함께 즐거움을 누릴 수 있다면 스스로 광대가 되는 것을 자청한다.

이순신 드라마가 한창 유행일 때는 장군 갑옷을 구해서 입고 나와 무대를 장악하고, 직원들이 무전기를 들고 무대 뒤를 다니며 직접 쇼를 연출한다. 직원들이 성공 스토리를 발표하는 행사인 '그린 데이'에는 행사를 진행하는 총무부장이 초록(green)색 재킷을 입고 연두색 손수건을 쓰윽 꺼내 땀을 닦으며 박수를 받기도 한다. 모두가 그 일에 몰입해 마음으로 즐기고 있기 때문에 가능한 일이다. 젊은 직원들 뿐 아니라 임원들까지 하나가 되어 즐긴다.

이런 우리가 신기해 보일지도 모른다. "그래도 회사 행사인데, 재미있으면 얼마나 재미있겠어?"라며 의구심을 보내기도 한다. "왜 사서 고생이냐?"라고 묻는 사람도 있다. 물론 그럴지도 모른다. 자기 시간, 에너지를 들여가며 하지 않아도 되는 방법이 분명히 있을 것이다. 연예인을 초청해서 손쉽게 흥을 돋우면 되고, 전문가에게 맡겨 진행해도 될 것이다. 하지만 그 누가 강요하지 않아도 직원들은 스스로 그것을 해낸다. 비용절감을 위해서도 아니고, 회사의 방침도 아닌데 그야말로 사서 고생하는 것이다. 몸은 조금 힘들어도 그 과정에서 우리가 배우고, 느끼고, 무엇보다 즐겁고 행복해하며 팀이 더 단단해져가는 과정을 눈으로 확인하는 것이 기쁘기 때문에 그런 유쾌한 권한을 누리는 것이다.

나는 간혹 우리 직원들 모두가 '치어리더' 같다는 생각을 한다. 서로에게 힘을 불어넣고 격려하고 응원하는 치어리더 말이다. 부서장 중 한 분은 매일 아침 30분씩 커피를 들고 직원들에게 다가가 대화를 나눴다. 매일 보는 직원들이지만 그 시간만큼은 편안하게 격이 없는 이야기를 나누었다.

"요즘 애는 잘 커? 요즘은 많이 안 우나?"

"요 며칠 피곤해 보이던데, 뭐 도와줄 일 없나?"

부서 통합으로 인해 어려운 시기를 겪었던 그 부서는 덕분에 빠른 시간 내에 분위기를 쇄신할 수 있었고 팀원들 모두 금세 웃음을 되찾았다. 리더가 먼저 치어리더가 되어 팀원들에게 기운을 불어 넣어주고, 그 기운이 전염되어 서로에게 힘이 되어준 것이다.

만약 지금의 자리가 불편하고 힘들다면, 내가 먼저 나서서 즐거운 공간을 만들어보는 것은 어떨까? 이를 위해서 자신부터 기운을 북돋아보기 바란다. 스스로를 추켜세워 행복함을 누린다면 내가 몸담고 있는 조직에도 생기를 불어넣을 수 있을 것이다. 그렇게 생기 넘치는 조직은 나를 행복하게 해줄 것이다. 뿐만 아니라 스스로 행복한 기운을 전하는 즐거운 사람이 되도록 노력한다면 우리의 미래는 더 빛날 것이라고 확신한다.

What's next?
항상 다음을 꿈꾸어라

우리 회사의 임원들이 새로운 자리에 임명될 때, 발령 첫날 내가 잊지 않고 묻는 말이 있다.

"다음 목표는 무엇입니까?"

새로운 자리에서 출발하는 첫날 '다음'을 물어보니 대부분 조금씩 당황하고는 한다. 그들이 그때까지 목표로 삼았던 자리에 오른 순간에 그것을 만끽할 겨를도 없이 다음을 생각하라고 하니 어안이 벙벙할 수도 있다. 하지만 어느 순간이든 우리는 항상 꿈을 꾸어야 한다. 작은 꿈 하나를 이루었다면 그보다 좀 더 큰 또 다른 꿈을 꾸어야 한다.

하지만 사람들은 자신이 목표한 무엇을 이루면 그 다음은 없는 양 행동하고는 한다. 물론 그렇지 않은 사람들도 많겠지만 대개는 그러하다. 하지만 어느 목표점이든 또 다른 새로운 목표점을 만들 수 있다.

예컨대 CEO라는 자리에 오르면 그 회사 내에서 가장 높은 자리이니까 꿈을 꾸는 것도 멈춰야 할까? 그렇지 않다. 그 자리에서 우리는 또 다른 꿈을 꿀 수 있다. 그 꿈이 반드시 일반적인 '성공'의 개념으로 보는 자리가 아닐 수도 있다. 그곳을 발판으로 자신의 영역을 확장하고 사회에 더 공헌할 수 있는 다음 자리를 꿈꿔야 한다. 그리고 바로 그 순간부터 구체적인 비전을 세우고 지도를 그려나가야 한다.

나 역시 그런 꿈을 꾸며 오늘을 살고 있다. 처음 퓨리나의 영업사원으로 발을 들이던 그 순간부터 나는 늘 꿈꾸는 사람이었다. 처음에는 좋은 영업사원, 누구나 믿을 수 있는 영업사원이 되는 것을 꿈꾸었고, 회사에서 반드시 필요한 사람이 되기를 꿈꾸었으며, 회사의 임원이 되면서 업계를 선도하는 기업을 만들겠다고 꿈꾸었다. 카길과의 합병 이후에는 한국 팀을 카길 최고의 사업부로 키우는 것을 꿈꾸었다.

또한 나와 함께 일하는 사람들이 자신의 미래를 스스로 개척하는 멋진 인생을 살아가도록 도움을 주고 싶다는 꿈을 꾸었다. 지금은 내가 받은 것을 나누고 함께할 나의 미래, 나의 다음을 꿈꾸고 있다.

인생의 어느 단계에서든 항상 비전을 세우고 다음의 목표를 향한 도전을 멈춰서는 안 된다. 목표를 이룰 때의 짜릿한 기쁨과 행복함, 보람과 긍지를 그칠 이유가 없지 않은가. 한 번 생겨난 믿음을 다음으로, 또 그다음으로 계속 연장하고 전환한다면 인생이 내내 즐겁고 행복하고, 일하는 보람도 더욱 커질 것이다.

나는 지금까지 그래왔던 것처럼 앞으로도 계속해서 다음을 생각하고 꿈꾸기를 멈추지 않을 생각이다. 그리고 나와 함께 일하는 모든 이들이 항상 그런 도전 과제를 가지고 살아가기를 소망한다.

그렇게 한 사람 한 사람이 기업의 기둥이 되고, 또 자기 삶의 주인이 되기를 소망한다. 그렇기에 항상 사람들에게 "당신의 다음은 무엇입니까?"라는 질문을 던지는 것이다.

사실 인재 한 사람을 최고의 리더로 키워내는 것은 오랜 시간과 노력이 필요한 일이다. 이는 일을 하며 가장 중요시해야 할 부분이기도 하다. 누구든 하루아침에 혜성처럼 성과를 거두고 리더가 되는 사람은 없기 때문이다. 조직에서 오랫동안 지켜보며 성장의 기회를 열어주고, 그가 끊임없이 성장할 수 있도록 도움과 지원을 아끼지 않았을 때 비로소 한 사람의 든든한 리더가 태어난다. 그렇기에 나는 항상 여러 인재들과 많은 대화를 나누며 우리의 비전을 공유하고 있다. 이 과정은 단순히 회사의 비전을 공유하는 것이 아니라 자기 자신의 비전에 대해서도 이야기를 나누고, 그가 가진 가치를 나누는 과정이기도 하다. 또한 그가 가진 가능성과 심성, 가치관, 환경 등 추구하는 바에 대해 서로가 더욱 깊이 이해하는 기회이기도 하다. 뿐만 아니라 그에게 새롭게 도전해볼 수 있는 의지를 심어주는 기회가 된다.

무릇 사람이 일하고 살아가는 데는 재능만 필요한 것이 아니다. 가장 중요한 것은 꿈이고 자신의 의지이다.

리더로서의 나의 꿈이 사람의 미래를 함께 열어가는 것이라면 나는 그를 위해 기회를 만들어주는 역할을 하면 된다. 그가 만약 지금 일하고 있는 분야에 만족한다면 현재의 분야에서 전문가로 성장할 수 있도록 기회를 주면 되고, 그 분야에서의 일이 만족스럽지 않다면 더 넓은 분야로 자신의 비전을 확장할 수 있도록 동기를 부여해주면 된다. 이런 과정을 거치면서 사람들은 진정으로 자신이 원하는 바를 추구해나갈 수 있게 되기 때문이다.

우리 회사는 미래의 지도자를 육성하기 위해 어느 부서나 승계 계획(Succession Plan)을 가지고 후계자들을 기르고 있다. 사장도 최소한 4~5년 전부터 여러 명의 후보군을 두고 해외 경험을 포함해 여러 분야를 경험하도록 준비하며 매년 그 진도를 점검하고 있다. 현재 한국 팀의 대표이사인 이보균 사장도 이러한 준비 과정과 경험을 거쳐 선발되었다. 나를 포함해 본사 경영진들은 미국에서 영양학을 전공하고 박사 학위를 취득한 후 우리 회사 연구개발 책임자로 일해온 그를 주목했다. 현재에 안주하지 않고 새로운 세계로 나아가고자 하는 도전정신과 상대를 편안하게 만드는 유머 감각, 그리고 무엇보다도 우리의 가치를 생활화 하며 섬김의 리더십으로 모두를 섬겨 함께 승리자가 되고자 하는 우리의 문화를 잘 실천하는 면이 돋보였다.

그래서 나는 그에게 전문 분야를 넘어 경영자로서의 비전을 키워보기를 제안했다. 이후 중국에서 시장을 개척하며 경영자로서의 역량을 발휘한 그는 현재 놀라운 성과를 거두며 조직을 이끌고 있다.

그가 사장으로 취임하던 날 함께 다른 사람들에게 그러했던 것처럼 똑같은 질문을 던졌다.

"다음 목표는 무엇입니까?"

그리고 그에게 다른 과제도 하나 더 던졌다.

"오늘부터 당신의 후임자를 찾기 시작합시다."

내일 일을 내일 계획할 수는 없다. 내일이 다가오기 전에 미리 그 순간을 준비해야 한다. 내 미래를 만드는 것도 그렇고, 인재를 키우는 것도 마찬가지이다. 이 순간 내가 집중해야 할 것은 단 한 가지, 내가 원하는 그것을 이루어내는 가능성이다.

"What's next? 다음에 할 일은 무엇인가?"

위기에 처해 있을 때에도, 성공의 순간에도 항상 이 질문을 곁에 두기 바란다. 내일을 미리 준비하며 꿈의 세계를 넓히는 사람에게 기회는 언제든 찾아오게 마련이다. 항상 나의 미래를, 나의 다음 세계를, 그리고 우리의 미래를, 우리의 다음 세계를 고민하고 찾아간다면 당신의 삶은 무엇과도 바꿀 수 없는 희망과 기쁨으로 넘칠 것이다.

지은이 _ 김기용
카길 한국 대표, 카길 본사 동물영양사업부 수석부사장, 북아시아지구 총괄.
1971년 퓨리나 코리아에 입사한 이래 줄곧 한길을 걸어왔다. 1990년 사장으로 선임되었고, 2001년 회장으로 선임되어 현재까지 활발한 경영 활동을 벌이고 있다.
서울대학교 농과대학 졸업. 미국 하버드대학교 경영대학원, 펜실베이니아 주립대학교, 서울대학교 경영대학원 최고경영자과정을 수료했으며, 경영 능력을 인정받아 한국능률협회 주관 '올해의 경영자상' 및 '국담축산공로상', '대한민국 글로벌CEO상' 등을 수상했다.

사막은 낙타처럼 건너라

1판 1쇄 발행 2010년 10월 30일
1판 6쇄 발행 2023년 7월 7일

지은이 김기용
발행인 고병욱
발행처 청림출판
등록 제1989-000026호
주소 135-816 서울시 강남구 도산대로38길 11 청림출판(주) (논현동 63)
413-756 경기도 파주시 교하읍 문발리 파주출판도시 518-6 청림아트스페이스
전화 02)546-4341 **팩스** 02)546-8053

www.chungrim.com
cr1@chungrim.com

ISBN 978-89-352-0849-4 03320

가격은 뒤표지에 있습니다.
잘못된 책은 교환해 드립니다.